JavaScript : De Débutant à Maître du Web

📌 Introduction

- Pourquoi JavaScript est incontournable ?
- Comment ce livre va vous transformer en expert ?
- Outils et environnement de travail

◆ Chapitre 1 : Les Bases Solides

- Variables et types de données
- Opérateurs et expressions
- Structures conditionnelles et boucles
- Les fonctions : la clé de l'efficacité

⚡ Chapitre 2 : JavaScript Dynamique et Interactif

- Manipuler le DOM comme un pro
- Événements : faire réagir votre site
- Les animations et effets visuels

⬛ Chapitre 3 : Stockage et Gestion des Données

- Les tableaux et objets
- Stocker des données avec LocalStorage et SessionStorage
- Manipuler JSON et API REST

🪝 Chapitre 4 : Communiquer avec le Web

- Les requêtes HTTP avec Fetch
- Utiliser les promesses et async/await
- Intégrer une API en temps réel

⚙ Chapitre 5 : Programmation Avancée

- Programmation orientée objet (OOP) en JavaScript
- Les closures et le scope
- Les modules et l'organisation du code

✗ Chapitre 6 : Les Frameworks et Bibliothèques

- Introduction à React, Vue et Angular
- Quand utiliser un framework ?
- Construire un projet avec un framework moderne

✈ Chapitre 7 : Performance et Optimisation

- Comprendre le fonctionnement du moteur JavaScript
- Éviter les pièges courants
- Optimiser le temps d'exécution et le rendu

⚷ Chapitre 8 : Sécurité et Bonnes Pratiques

- Protection contre les injections et attaques XSS
- Sécuriser les données utilisateur
- Respecter les meilleures pratiques de développement

⬤ Chapitre 9 : Debugging et Tests

- Trouver et corriger les bugs efficacement
- Utilisation des DevTools du navigateur
- Introduction aux tests unitaires

⬤ Chapitre 10 : Construire un Projet Complet

- Création d'une application web moderne
- Mise en ligne et déploiement
- Maintenir et faire évoluer son code

⬤ Conclusion

- Où aller après ce livre ?
- Ressources et communautés pour progresser
- Projets pour s'entraîner

Pourquoi JavaScript est Incontournable ?

JavaScript est aujourd'hui **le langage de programmation le plus utilisé au monde**, et ce n'est pas un hasard ! Son évolution fulgurante et son omniprésence dans le développement web en font un outil indispensable pour tout développeur.

1 Le langage du web

JavaScript est **le seul langage exécuté nativement par tous les navigateurs**. Sans lui, pas d'interactions dynamiques sur les sites web ! Il permet de :

■ Modifier le contenu des pages en temps réel
■ Créer des animations et effets visuels
■ Gérer les interactions utilisateur (clics, formulaires, touches du clavier…)

2 Un écosystème gigantesque

Avec des bibliothèques comme **React, Vue.js et Angular**, JavaScript est au cœur des applications web modernes. Son **évolution constante** en fait un langage toujours d'actualité et ultra performant.

✔ **Node.js** permet d'exécuter JavaScript côté serveur, ce qui en fait un langage **full-stack**.
✔ **Electron** permet même de créer des applications de bureau (comme VS Code).
✔ **React Native** et **Ionic** permettent de développer des applications mobiles en JavaScript.

3 Une communauté énorme et des opportunités d'emploi

Avec des millions de développeurs actifs, JavaScript dispose d'une communauté **riche et réactive**. Que ce soit sur Stack Overflow, GitHub ou des forums spécialisés, il y a toujours quelqu'un pour aider.

🚀 **90% des offres d'emploi en développement web mentionnent JavaScript**, ce qui en fait un choix stratégique pour débuter ou évoluer en carrière.

4 Un langage accessible et puissant

JavaScript est **facile à apprendre** mais peut aussi devenir un outil extrêmement puissant. Il permet de :
* Créer des applications légères et rapides
* Manipuler des bases de données avec MongoDB
* Faire du machine learning avec TensorFlow.js

5 Un avenir prometteur

JavaScript continue d'évoluer avec **ECMAScript** (ES6, ESNext...), apportant toujours plus de fonctionnalités et d'améliorations. Il est certain que ce langage restera **un pilier du développement** pour les années à venir.

Comment ce livre va vous transformer en expert ?

Si vous débutez en JavaScript ou que vous souhaitez passer au niveau supérieur, ce livre est conçu pour vous accompagner de **A à Z**. Il ne s'agit pas d'un simple manuel théorique, mais d'un guide pratique qui va vous faire **coder, comprendre et maîtriser** JavaScript comme un vrai expert.

1 **Une approche progressive et structurée**

Ce livre suit un chemin **logique et évolutif** :
* **Les bases** pour bien comprendre les fondamentaux du langage
* **Les interactions avancées** pour rendre vos applications dynamiques
* **La programmation avancée** pour écrire un code propre et performant
* **Les bonnes pratiques** pour développer comme un professionnel
* **Un projet final** pour mettre en application toutes vos connaissances

Chaque chapitre est conçu pour vous donner **les bons réflexes** et **les bonnes habitudes** dès le départ.

2 **Apprendre en codant : des exercices et projets concrets**

📌 **Théorie seule = oubli rapide !** Ce livre vous propose **des exercices pratiques**, des **défis** et des **projets réels** pour appliquer immédiatement ce que vous apprenez.

Vous construirez :
* ✔ Un générateur de citations aléatoires
* ✔ Une TODO list interactive avec stockage des données
* ✔ Une application web avec une API externe
* ✔ Un mini-jeu en JavaScript pur
* ✔ Un projet complet pour votre portfolio

Objectif : À la fin du livre, vous aurez déjà **plusieurs projets à montrer** et serez **capable de développer des applications autonomes**.

3 **Décoder les concepts avancés avec simplicité**

Vous avez déjà essayé d'apprendre JavaScript et bloqué sur des notions complexes comme **les closures, les promesses ou l'asynchrone** ?
🔦 Ce livre explique **les concepts difficiles avec des analogies claires** et des schémas visuels.

🔴 Exemples concrets + Explications simplifiées + Applications directes = **Maîtrise assurée**

4️⃣ **Les astuces et bonnes pratiques des pros**

⬛ **Écrire du code lisible et efficace**
⬛ **Éviter les erreurs courantes et apprendre à debugger rapidement**
⬛ **Utiliser les outils des développeurs professionnels** (DevTools, linters, tests...)

⬛ **Organiser son code avec des méthodes modernes**

◆ Grâce à ces bonnes pratiques, vous adopterez dès le début une **approche professionnelle** et **gagnerez du temps** dans vos futurs projets.

5️⃣ **Une immersion dans l'écosystème JavaScript**

Ce livre ne se limite pas au langage en lui-même. Il vous ouvre les portes de **tout l'univers JavaScript** :
🔴 Les frameworks incontournables : **React, Vue, Angular**
🐍 L'intégration avec **les API et les bases de données**
⚡ Le JavaScript moderne avec **ES6 et les nouvelles fonctionnalités**
🔴 Comment choisir **les bons outils** et construire **des applications performantes**

6️⃣ **Un guide vers votre avenir de développeur**

À la fin de ce livre, vous saurez **coder avec confiance** et **développer des applications robustes**. Mais surtout, vous saurez **quoi apprendre ensuite** et **comment continuer à progresser**.

📌 **Ressources utiles** : Sites, cours, challenges, communautés…
📌 **Les chemins possibles** : Web, mobile, backend, IA…
📌 **Comment créer un portfolio et décrocher un job**

Outils et environnement de travail

Avant de plonger dans le code, il est essentiel de bien configurer son environnement de travail. Un bon setup vous permettra de coder plus efficacement, de repérer les erreurs plus rapidement et de **développer comme un vrai pro**.

[1] Choisir un bon éditeur de code

Le choix de l'éditeur est crucial pour coder confortablement. Voici **les meilleurs outils** pour écrire du JavaScript :

■ **VS Code (Visual Studio Code)** – Le plus populaire et recommandé. Il est léger, puissant et propose des extensions très utiles.
■ **WebStorm** – Un IDE complet et performant, mais payant.
■ **Sublime Text / Atom** – Plus minimalistes, mais moins utilisés aujourd'hui.

🕯 **Recommandation** : Ce livre utilise **VS Code**, car il est **gratuit, personnalisable et puissant**.

[2] Installer Node.js et npm

Même si JavaScript fonctionne directement dans un navigateur, **Node.js** est indispensable pour un environnement de développement moderne.

♦ **Node.js** permet d'exécuter du JavaScript côté serveur et d'utiliser des outils modernes.
♦ **npm (Node Package Manager)** est un gestionnaire de packages qui facilite l'installation de bibliothèques et d'outils.

📌 Installation :

1. Rendez-vous sur nodejs.org et téléchargez la dernière version **LTS**.

Vérifiez l'installation avec :

```
node -v    # Vérifie la version de Node.js
npm -v     # Vérifie la version de npm
```

2. Avec npm, vous pourrez installer des bibliothèques utiles en une seule commande :

```
npm install axios    # Exemple d'installation d'une
bibliothèque
```

3 Outils indispensables pour coder efficacement

✗ Extensions VS Code utiles

Une fois **VS Code** installé, voici quelques extensions **qui vont booster votre productivité** :

🚀 **ESLint** – Pour repérer et corriger les erreurs de code automatiquement.

🚀 **Prettier** – Pour formater votre code proprement et de manière homogène.

🚀 **Live Server** – Pour voir instantanément les modifications de votre code dans le navigateur.

🚀 **JavaScript (ES6) Code Snippets** – Pour écrire du code plus rapidement avec des raccourcis.

📌 Comment les installer ?

Dans VS Code, ouvrez le **Marketplace** avec **Ctrl + Shift + X** (Windows) ou **Cmd + Shift + X** (Mac), puis recherchez et installez ces extensions.

4 Utiliser Git et GitHub pour versionner son code

Pourquoi ?

- Garder un historique des modifications de son code
- Travailler en équipe
- Sauvegarder ses projets et les rendre accessibles depuis n'importe où

Installation de Git :

1. Téléchargez et installez Git depuis git-scm.com.

Configurez votre nom et email :

```
git config --global user.name "VotreNom"
git config --global user.email "VotreEmail@example.com"
```

2.

Les bases de Git :
Créer un projet versionné avec Git :

```
git init            # Initialiser un dépôt Git
git add .           # Ajouter tous les fichiers
git commit -m "Premier commit"    # Enregistrer les
modifications
```

Envoyer son code sur **GitHub** :

```
git remote add origin URL_DU_DEPOT
git push -u origin main
```

11

📍 **Astuce** : Utiliser **GitHub Desktop** si vous préférez une interface graphique.

5️⃣ Un bon navigateur avec des outils de développement

Les navigateurs modernes intègrent des outils puissants pour **déboguer et tester** son code JavaScript.

■ **Google Chrome** (recommandé)
■ **Firefox Developer Edition** (pour les outils avancés)
■ **Brave** (pour une alternative rapide et privée)

📌 **Ouvrir les DevTools (Outils de développement)** :

- **Chrome / Edge** : **F12** ou **Ctrl + Shift + I** (Windows) / **Cmd + Option + I** (Mac)
- **Firefox** : **F12** ou **Ctrl + Shift + I**

Ces outils permettent de **visualiser les erreurs, analyser le DOM et tester du JavaScript en direct** dans la console.

6️⃣ Tester son code dans un bac à sable en ligne

Parfois, vous voulez tester rapidement une idée **sans créer un fichier local**. Voici quelques **plateformes en ligne utiles** :

🌐 **CodePen** – Idéal pour tester du JavaScript avec HTML et CSS rapidement.
🌐 **JSFiddle** – Similaire à CodePen, avec des fonctionnalités avancées.
🌐 **JSBin** – Un environnement rapide et simple.
🌐 **PlayCode.io** – Un éditeur interactif pour du JavaScript moderne.

📍 **Recommandation** : Utilisez **CodePen** ou **JSFiddle** pour des petits tests rapides.

7 Structurer son projet comme un pro

Un bon développeur organise son code pour qu'il soit **clair et maintenable**. Voici une **arborescence typique** d'un projet JavaScript :

```
/mon-projet
    ├── /src              # Dossier contenant les fichiers sources
    │    ├── index.js    # Fichier principal JavaScript
    │    ├── app.js      # Code principal de l'application
    │    ├── utils.js    # Fichier contenant des fonctions utilitaires
    ├── /assets          # Images, icônes, polices
    ├── index.html       # Page principale
    ├── style.css        # Feuille de styles
    ├── package.json     # Fichier de configuration du projet
    ├── .gitignore       # Fichiers à ignorer par Git
    └── README.md        # Documentation du projet
```

💡 **Astuce :** Toujours garder un fichier **README.md** pour expliquer votre projet !

Chapitre 1 :

Les Bases Solides

Variables et types de données en JavaScript

Les variables sont **les fondations de tout programme** en JavaScript. Elles permettent de stocker des données et de les manipuler. Dans ce chapitre, nous allons explorer **les différentes façons de déclarer des variables**, **les types de données existants** et **les bonnes pratiques pour les utiliser efficacement**.

1 Déclarer une variable : var, let ou const ?

Depuis ES6, JavaScript propose **trois façons de déclarer une variable** :

Mot-clé	Portée	Modification	Recommandé ?
var	Fonctionnelle	Modifiable	✗ Non (peut causer des bugs)
let	Bloc	Modifiable	▇ Oui (souple et sécurisé)
const	Bloc	**Non** modifiable	▇ Oui (si la valeur ne change pas)

Exemples : var nom = "Alice"; // Mauvaise pratique ✗

let age = 25; // Variable modifiable ▇
const pays = "France"; // Variable constante ▇

Pourquoi éviter var ?

Avec var, une variable peut être utilisée **avant même d'être déclarée**, ce qui peut provoquer des bugs imprévus.

```
console.log(x); // undefined (mais pas d'erreur !)
var x = 10;
```

Avec let ou const, ce code provoquerait une erreur, évitant ainsi les erreurs silencieuses.

2 Les types de données en JavaScript

JavaScript est un langage **dynamique** : une variable peut changer de type à tout moment. Il existe **deux grandes catégories** de types de données :

* **Les types primitifs (simples)**

Ce sont **les types les plus basiques**, stockés directement en mémoire.

Type	Exemple
string	"Hello"
number	42, 3.14, -10
boolean	true, false
null	null (valeur vide)
undefined	undefined (non défini)
symbol	Symbol("unique")
bigint	9007199254740991n

```
let texte = "JavaScript";  // Chaîne de caractères
let nombre = 42;  // Nombre entier
let estActif = true;  // Booléen
let vide = null;  // Valeur vide
let inconnu;  // undefined (non défini)
```

◆ Les types complexes (objets)

Les **objets** permettent de stocker des **données plus complexes** et sont au cœur de JavaScript.

Type	Exemple
Object	{ nom: "Alice", age: }
Array	[1, 2, 3, 4]
Function	function() { return "Hello"; }

♥ Exemples :

```
let utilisateur = { nom: "Alice", age: 25 };  // Objet
let nombres = [1, 2, 3, 4];  // Tableau
let direBonjour = function() { return "Bonjour !"; };
// Fonction
```

③ Conversion de types (coercition)

JavaScript permet **de convertir automatiquement ou manuellement** un type de donnée en un autre.

◼ Conversion automatique (implicite)

JavaScript tente parfois de convertir les types **de manière invisible**, ce qui peut être source d'erreurs.

```
console.log("5" + 2);   // "52" (string + number =>
string)
console.log("5" - 2);  // 3 (string - number => number)
console.log(true + 1); // 2 (true devient 1)
```

◼ Conversion manuelle (explicite)

Pour éviter les comportements imprévus, il est **préférable de forcer la conversion**.

```
let nombre = "42";
console.log(Number(nombre)); // Convertit en nombre
console.log(String(100)); // Convertit en chaîne de
caractères
console.log(Boolean(0)); // false (0 est considéré
comme faux)
```

4 Tester le type d'une variable

On peut utiliser typeof pour connaître le type d'une variable :

```
console.log(typeof "Hello");  // "string"
console.log(typeof 42);       // "number"
console.log(typeof true);     // "boolean"
```

```
console.log(typeof {});        // "object"
console.log(typeof []);        // "object" (les tableaux
sont des objets !)
console.log(typeof  null);          // "object"  (une
bizarrerie de JS)
console.log(typeof undefined); // "undefined"
```

📍 **Attention !** typeof null retourne "object" par erreur (un bug historique en JavaScript).

5 Les bonnes pratiques avec les variables

⬛ **Toujours utiliser const par défaut** (et let si la valeur doit changer).
✖ **Éviter var** pour éviter les bugs.
⬛ **Utiliser des noms de variables clairs et explicites.**
✖ **Ne pas mélanger les types de données sans conversion explicite.**

Exemple de bon code :

```
const nomUtilisateur = "Alice";   // Bonne pratique :
const pour une valeur fixe
let score = 0;  // let car le score peut changer

score += 10;  // On modifie la variable avec let
console.log(`${nomUtilisateur}    a    un    score    de
${score}`); // Utilisation des backticks (``)
```

Opérateurs et Expressions en JavaScript

Les opérateurs sont **les outils essentiels** pour manipuler des variables et des valeurs en JavaScript. Ils permettent d'effectuer des calculs, de comparer des valeurs et de **construire des expressions complexes**. Dans ce chapitre, nous allons explorer les **différents types d'opérateurs**, leur **priorité** et **les bonnes pratiques** pour les utiliser efficacement.

1 Les opérateurs arithmétiques

Ces opérateurs permettent de réaliser des **calculs mathématiques** en JavaScript.

Opérateur	Description	Exemple
+	Addition	5 + 3 → 8
−	Soustraction	10 − 4 → 6
*	Multiplication	6 * 3 → 18
/	Division	12 / 4 → 3
%	Modulo (reste de la division)	10 % 3 → 1
**	Exponentiation	2 ** 3 → 8

Exemples :

```
let a = 10;
let b = 3;

console.log(a + b); // 13
```

```
console.log(a - b); // 7
console.log(a * b); // 30
console.log(a / b); // 3.333...
console.log(a % b); // 1 (reste de la division)
console.log(a ** b); // 1000 (10 puissance 3)
```

2 Les opérateurs d'affectation

Ces opérateurs servent à **assigner une valeur à une variable**.

Opérateur	Description	Exemple
=	Affectation simple	x = 5
+=	Addition et affectation	x += 3 (équivaut à x = x + 3)
-=	Soustraction et affectation	x -= 2 (équivaut à x = x - 2)
*=	Multiplication et affectation	x *= 4 (équivaut à x = x * 4)
/=	Division et affectation	x /= 2 (équivaut à x = x / 2)
%=	Modulo et affectation	x %= 3 (équivaut à x = x % 3)

Exemple :

```
let x = 10;
x += 5; // x = x + 5 → x devient 15
x *= 2; // x = x * 2 → x devient 30
```

```
console.log(x); // 30
```

③ Les opérateurs de comparaison

Ces opérateurs permettent de **comparer des valeurs** et retournent un **booléen** (`true` ou `false`).

Opérateur	Description	Exemple	Résultat
`==`	Égalité (valeur seulement)	`5 == "5"`	`true`
`===`	Égalité stricte (valeur et type)	`5 === "5"`	`false`
`!=`	Différent (valeur seulement)	`10 != "10"`	`false`
`!==`	Différent strict (valeur et type)	`10 !== "10"`	`true`
`>`	Supérieur	`8 > 3`	`true`
`<`	Inférieur	`2 < 5`	`true`
`>=`	Supérieur ou égal	`6 >= 6`	`true`
`<=`	Inférieur ou égal	`4 <= 2`	`false`

💡 **Bonnes pratiques :**

⬛ Toujours utiliser `===` et `!==` pour éviter les erreurs de type.

✖ `==` peut entraîner des conversions de type non désirées.

Exemple :

```
console.log(5 == "5");   // true (JavaScript convertit
la chaîne en nombre)
console.log(5 === "5");  // false (les types sont
différents)
console.log(10 !== "10"); // true (les types sont
différents)
console.log(8 > 3); // true
console.log(4 <= 2); // false
```

4 Les opérateurs logiques

Ils permettent de **combiner plusieurs conditions** pour construire des expressions complexes.

Opérateur	Description	Exemple
&&	ET logique (toutes les conditions doivent être vraies)	(5 > 3) && (10 > 5) → true
`		`
!	NON logique (inverse la valeur)	!(5 > 3) → false

Exemples :

```
let age = 20;
let carteID = true;

console.log(age >= 18 && carteID); // true (les deux
conditions sont vraies)
console.log(age < 18 || carteID); // true (au moins une
condition est vraie)
console.log(!carteID); // false (inverse la valeur)
```

5 Les opérateurs d'incrémentation et de décrémentation

Ces opérateurs sont utilisés pour **ajouter ou soustraire 1** d'une variable.

Opérateur	Description	Exemple
++	Incrémentation	x++ (ajoute 1 à x)
--	Décrémentation	x-- (soustrait 1 à x)

▼ **Différence entre x++ et ++x :**

```
let a = 5;
console.log(a++);   //  5  (renvoie  la  valeur,  puis
incrémente)
console.log(a);   // 6

let b = 5;
console.log(++b);  //  6  (incrémente,  puis  renvoie  la
valeur)
```

6 Les opérateurs ternaires

Un opérateur ternaire permet d'écrire une **condition simplifiée** en une seule ligne.

📌 Syntaxe :

```
condition ? valeur_si_vrai : valeur_si_faux;
```

Exemple :

```
let age = 18;
let message = age >= 18 ? "Majeur" : "Mineur";
console.log(message); // "Majeur"
```

7 Priorité des opérateurs

Certains opérateurs ont **une priorité plus élevée que d'autres**. Par
exemple, la multiplication s'exécute avant l'addition.

Priorité	Opérateur	Exemple
1 (Haut)	( ) (parenthèses)	(2 + 3) * 4
2	** (exponentiation)	2 ** 3 → 8
3	*, /, %	10 / 2 * 3
4	+, -	5 + 2 - 1
5 (Bas)	= (affectation)	x = 5 + 3

💡 **Utiliser les parenthèses** pour éviter toute confusion !

```
let resultat = 5 + 2 * 3; // 11 (multiplication
d'abord)
let correct = (5 + 2) * 3; // 21 (parenthèses d'abord)
console.log(resultat, correct);
```

Structures conditionnelles et boucles en JavaScript

Les **structures conditionnelles** et les **boucles** sont les éléments essentiels qui permettent à un programme de **prendre des décisions** et d'**exécuter du code de manière répétée**.

Dans ce chapitre, nous allons voir :

■ **Les différentes structures conditionnelles** (`if`, `switch`)
■ **Les boucles** (`for`, `while`, `do while`, `forEach`)
■ **Les bonnes pratiques pour optimiser vos scripts**

1 Les structures conditionnelles

Une **structure conditionnelle** permet d'exécuter une portion de code **si une condition est remplie**.

◆ `if...else` : Exécuter du code sous condition

La structure `if...else` est la plus courante pour gérer des conditions.

📌 **Syntaxe :**

```
if (condition) {
    // Code exécuté si la condition est vraie
} else {
    // Code exécuté si la condition est fausse
}
```

💡 Exemple : Vérifier l'âge d'un utilisateur

```
let age = 20;

if (age >= 18) {
    console.log("Vous êtes majeur !");
} else {
    console.log("Vous êtes mineur !");
}
```

👉 On peut ajouter else if pour tester plusieurs conditions :

```
let score = 75;

if (score >= 90) {
    console.log("Excellent !");
} else if (score >= 70) {
    console.log("Bien !");
} else {
    console.log("Peut mieux faire !");
}
```

◆ switch : Une alternative à if...else

Quand il y a **plusieurs cas possibles**, switch peut rendre le code plus clair.

📌 Syntaxe :

```
switch (valeur) {
    case "option1":
        // Code exécuté si valeur == "option1"
```

```
        break;
    case "option2":
        // Code exécuté si valeur == "option2"
        break;
    default:
        // Code exécuté si aucun cas ne correspond
}
```

▼ Exemple : Vérifier un jour de la semaine

```
let jour = "lundi";

switch (jour) {
    case "lundi":
        console.log("Début de la semaine !");
        break;
    case "vendredi":
        console.log("Bientôt le week-end !");
        break;
    default:
        console.log("Jour classique.");
}
```

✦ Astuce : Toujours utiliser break pour éviter d'exécuter tous les cas suivants.

2 Les boucles en JavaScript

Les **boucles** permettent de **répéter une action plusieurs fois** sans réécrire le même code.

◆ La boucle for

Quand on sait **combien de fois** on veut exécuter une action, la boucle for est idéale.

📌 **Syntaxe :**

```
for (initialisation; condition; incrémentation) {
    // Code répété
}
```

💡 **Exemple : Afficher les nombres de 1 à 5**

```
for (let i = 1; i <= 5; i++) {
    console.log(i);
}
```

👆 **Explication :**

1. let i = 1; → On initialise i à 1
2. i <= 5; → La boucle s'exécute tant que i est ≤ 5
3. i++ → On incrémente i de 1 à chaque tour

◆ La boucle `while`

Si **le nombre d'itérations est inconnu**, `while` est plus adapté.

📌 **Syntaxe :**

```
while (condition) {
    // Code exécuté tant que la condition est vraie
}
```

💡 **Exemple : Compter jusqu'à 5**

```
let compteur = 1;

while (compteur <= 5) {
    console.log(compteur);
        compteur++; // Très important ! Sinon boucle
infinie
}
```

🚀 **Astuce** : Toujours **vérifier que la condition devient `false`** à un moment donné, sinon on crée une boucle infinie.

◆ La boucle `do...while`

La boucle `do...while` est similaire à `while`, **mais elle s'exécute au moins une fois**, même si la condition est fausse dès le départ.

📌 **Syntaxe :**

```
do {
```

```
    // Code exécuté une première fois, puis tant que la
condition est vraie
} while (condition);
```

🔥 **Exemple : Demander un mot de passe au moins une fois**

```
let motDePasse;

do {
    motDePasse = prompt("Entrez votre mot de passe :");
} while (motDePasse !== "secret");

console.log("Accès autorisé !");
```

◆ La boucle `forEach` (pour les tableaux)

Quand on manipule des tableaux, la boucle `forEach` est **plus simple et plus lisible**.

📌 **Syntaxe :**

```
tableau.forEach(function(element) {
    // Code pour chaque élément du tableau
});
```

🔥 **Exemple : Afficher chaque prénom d'un tableau**

```
let prenoms = ["Alice", "Bob", "Charlie"];

prenoms.forEach(function(prenom) {
```

```
    console.log("Bonjour " + prenom);
});
```

🚀 **Astuce** : On peut aussi utiliser **une fonction fléchée** pour un code plus concis :

```
prenoms.forEach(prenom  =>  console.log("Bonjour  "  +
prenom));
```

3 Les mots-clés break et continue

◆ break : Arrêter une boucle immédiatement

```
for (let i = 1; i <= 10; i++) {
    if (i === 5) {
        break; // La boucle s'arrête quand i vaut 5
    }
    console.log(i);
}
```

📍 **Sortie :** 1 2 3 4

◆ continue : Sauter une itération et passer à la suivante

```
for (let i = 1; i <= 5; i++) {
    if (i === 3) {
        continue; // Passe l'itération où i vaut 3
    }
    console.log(i);
}
```

💡 **Sortie** : 1 2 4 5 (3 est sauté)

Les fonctions : la clé de l'efficacité en JavaScript

Les **fonctions** sont l'un des éléments les plus importants de JavaScript. Elles permettent de structurer, réutiliser et organiser le code pour le rendre **plus lisible, plus efficace et plus facile à maintenir**.

Dans ce chapitre, nous allons voir :
■ **Pourquoi utiliser des fonctions ?**
■ **Déclarer et appeler une fonction**
■ **Les différents types de fonctions (`function`, `const`, `=>`)**
■ **Les paramètres et valeurs de retour**
■ **Les fonctions avancées : fonctions anonymes, callbacks et fonctions fléchées**
■ **Les bonnes pratiques pour écrire des fonctions efficaces**

1 Pourquoi utiliser des fonctions ?

Une fonction est un **bloc de code réutilisable** qui permet d'exécuter une tâche précise.

✦ Avantages des fonctions :

✔ **Réduction des répétitions** : On évite de réécrire le même code plusieurs fois.
✔ **Lisibilité et organisation** : Le code est plus clair et mieux structuré.
✔ **Facilité de maintenance** : Modifier une fonction modifie toutes ses utilisations.
✔ **Réutilisabilité** : On peut appeler une fonction plusieurs fois avec des paramètres différents.

❗ Exemple sans fonction (répétition de code) :

```
console.log("Bonjour Alice !");
console.log("Bonjour Bob !");
console.log("Bonjour Charlie !");
```

🚀 **Avec une fonction, c'est beaucoup plus propre :**

```
function direBonjour(prenom) {
    console.log("Bonjour " + prenom + " !");
}

direBonjour("Alice");
direBonjour("Bob");
direBonjour("Charlie");
```

2 Déclaration et appel d'une fonction

Une fonction **se déclare** et **s'appelle** pour être exécutée.

📌 **Syntaxe d'une fonction classique :**

```
function nomDeLaFonction(param1, param2) {
    // Code exécuté lors de l'appel
    return valeurDeRetour;
}
```

💡 **Exemple : Additionner deux nombres**

```
function addition(a, b) {
    return a + b;
}

console.log(addition(3, 5)); // Affiche 8
```

```
console.log(addition(10, 20)); // Affiche 30
```

👉 Ici, addition(3, 5) **appelle la fonction**, exécute son code et **retourne une valeur**.

③ Les différents types de fonctions

◆ 1. Fonction déclarée (function)

Elle peut être **appelée avant sa déclaration** grâce au **hoisting**.

```
console.log(saluer("Alice")); // ■ Fonction appelée
avant déclaration

function saluer(nom) {
    return "Bonjour " + nom;
}
```

🚀 Le hoisting permet de placer les fonctions où on veut sans souci.

◆ 2. Fonction anonyme affectée à une variable (const)

Les fonctions anonymes ne peuvent être appelées **qu'après** leur déclaration.

```
const multiplier = function(a, b) {
    return a * b;
};

console.log(multiplier(4, 5)); // ■ Affiche 20
```

👆 Ici, `multiplier` est une **variable constante** contenant une fonction.

◆ 3. Fonction fléchée (=>)

Les **fonctions fléchées** sont une syntaxe plus concise et moderne.

📌 **Syntaxe :**

```
const nomDeLaFonction = (param1, param2) => expression;
```

❗ **Exemple :**

```
const division = (a, b) => a / b;
console.log(division(10, 2)); // ▓ Affiche 5
```

👆 **Avantages des fonctions fléchées :**
✔ Plus courtes et plus lisibles
✔ Ne créent pas de nouveau contexte `this` (utile en programmation orientée objet)

4 Les paramètres et valeurs de retour

◆ Paramètres avec valeurs par défaut

On peut donner une **valeur par défaut** aux paramètres pour éviter les erreurs.

```
function bienvenue(nom = "Utilisateur") {
    return "Bienvenue, " + nom + " !";
}

console.log(bienvenue());        //     ██      "Bienvenue,
Utilisateur !"
console.log(bienvenue("Alice")); //     ██      "Bienvenue,
Alice !"
```

◆ Retourner plusieurs valeurs avec un tableau ou un objet

```
function getCoordonnees() {
    return { x: 10, y: 20 };
}

const coord = getCoordonnees();
console.log(coord.x, coord.y); // ██ 10 20
```

👉 **Avantage** : On peut récupérer plusieurs valeurs en une seule fonction.

5 Fonctions avancées

◆ Fonction anonyme (sans nom)

Une fonction anonyme est une fonction sans nom, souvent utilisée avec d'autres fonctions.

```
setTimeout(function() {
```

```
        console.log("Ce  message  s'affiche  après  2
secondes.");
}, 2000);
```

👉 **Pratique pour les timers, événements et callbacks.**

◆ Callback : Une fonction en paramètre d'une autre fonction

Un **callback** est une fonction passée en paramètre d'une autre fonction, qui sera exécutée plus tard.

```
function operation(a, b, callback) {
    return callback(a, b);
}
```

```
console.log(operation(5, 3, (x, y) => x + y)); // ■ 8
console.log(operation(5, 3, (x, y) => x * y)); // ■
15
```

🖋 **Utile pour les fonctions asynchrones, comme les requêtes réseau.**

⑥ Bonnes pratiques pour écrire des fonctions efficaces

✔ **Nom explicite** : Une fonction doit être nommée en fonction de son action.
✗ `function x(a, b) { return a * b; }`
■ `function multiplier(n1, n2) { return n1 * n2; }`

✔ **Une seule responsabilité** : Une fonction doit faire une seule chose bien.

✘ `function traiterDonnees() { nettoyer(); trier(); sauvegarder(); }`

◼ **Diviser en plusieurs fonctions :**

```
function nettoyer(donnees) { /* ... */ }
function trier(donnees) { /* ... */ }
function sauvegarder(donnees) { /* ... */ }
```

✔ **Utilisation des valeurs par défaut pour éviter les erreurs**
✔ **Utilisation des fonctions fléchées pour les fonctions simples**
✔ **Éviter les effets de bord** : Une fonction ne doit pas modifier des variables globales.

Chapitre 2 : JavaScript Dynamique et Interactif

Manipuler le DOM comme un pro

JavaScript ne se limite pas aux calculs et aux structures logiques. Il permet également de rendre les pages web **dynamiques et interactives** en manipulant le **DOM (Document Object Model)**. Grâce à lui, on peut

modifier du texte, changer des styles, ajouter ou supprimer des éléments, et bien plus encore !

Dans ce chapitre, nous allons voir :
- **Qu'est-ce que le DOM et comment y accéder ?**
- **Sélectionner des éléments HTML en JavaScript**
- **Modifier le contenu et les styles d'un élément**
- **Ajouter et supprimer des éléments dynamiquement**
- **Gérer les événements utilisateur (clics, saisies, etc.)**

1 Qu'est-ce que le DOM ?

Le **DOM (Document Object Model)** est une **représentation sous forme d'arbre** de la page HTML. Chaque élément (`<div>`, `<p>`, `<button>`, etc.) est un **nœud** que l'on peut modifier avec JavaScript.

♥ Exemple d'un DOM simplifié pour cette page HTML :

html

```
<!DOCTYPE html>
<html>
<head>
    <title>Ma Page</title>
</head>
<body>
    <h1 id="titre">Bienvenue</h1>
    <p class="texte">Ceci est un paragraphe.</p>
    <button>Changer le texte</button>
</body>
</html>
```

👉 JavaScript permet de **sélectionner** et **modifier** ces éléments dynamiquement.

2 Sélectionner des éléments HTML en JavaScript

Pour manipuler un élément, il faut d'abord **le sélectionner**.

◆ Méthodes pour sélectionner un élément

📌 Sélection par ID (getElementById)

```
let titre = document.getElementById("titre");
console.log(titre.textContent); // "Bienvenue"
```

📌 Sélection par classe (getElementsByClassName)

```
let                 paragraphes                 =
document.getElementsByClassName("texte");
console.log(paragraphes[0].textContent); // "Ceci est
un paragraphe."
```

📌 Sélection par balise (getElementsByTagName)

```
let boutons = document.getElementsByTagName("button");
console.log(boutons[0]); // Affiche l'élément <button>
```

📌 **Sélection avec un sélecteur CSS (querySelector et querySelectorAll)**

```
let titre = document.querySelector("#titre"); //
Sélectionne l'ID
let texte = document.querySelector(".texte"); //
Sélectionne la première classe
let boutons = document.querySelectorAll("button"); //
Sélectionne tous les boutons
```

🚀 **querySelector est souvent préféré car il fonctionne comme les sélecteurs CSS !**

3 Modifier le contenu et le style d'un élément

◆ Modifier le texte d'un élément

```
let titre = document.getElementById("titre");
titre.textContent = "Bonjour, JavaScript !";
```

💡 **Différence entre innerHTML et textContent**

- `textContent` ◆ → Modifie seulement le texte
- `innerHTML` ◆ → Peut inclure du HTML

```
titre.innerHTML        =        "<span        style='color:
red;'>Bienvenue</span>";
```

◆ Modifier les styles CSS avec JavaScript

```
let titre = document.getElementById("titre");
titre.style.color = "blue";
titre.style.fontSize = "24px";
titre.style.backgroundColor = "lightgray";
```

👉 **Astuce** : Pour modifier plusieurs styles, utilisez `setAttribute` ou `classList` :

```
titre.setAttribute("style", "color: red; font-weight:
bold;");
titre.classList.add("nouvelleClasse"); // Ajoute une
classe CSS
titre.classList.remove("ancienneClasse"); // Supprime
une classe
```

4 Ajouter et supprimer des éléments dynamiquement

◆ Ajouter un nouvel élément HTML

```
let nouveauParagraphe = document.createElement("p");
nouveauParagraphe.textContent  =  "Ceci  est  ajouté
dynamiquement !";
```

```
document.body.appendChild(nouveauParagraphe);          //
L'ajoute à la fin du `body`
```

🚀 **On peut aussi l'insérer avant un autre élément avec insertBefore**

```
document.body.insertBefore(nouveauParagraphe,
document.querySelector("button"));
```

❖ Supprimer un élément

```
let texte = document.querySelector(".texte");
texte.remove(); // Supprime l'élément
```

📍 **Autre méthode : Supprimer un élément en passant par son parent**

```
texte.parentNode.removeChild(texte);
```

5 Gérer les événements utilisateur (clics, saisies, etc.)

Un **événement** est une interaction de l'utilisateur (clic, survol, saisie, etc.).
On peut **réagir** à ces événements grâce à JavaScript.

◆ Ajouter un événement `click` à un bouton

```
let bouton = document.querySelector("button");

bouton.addEventListener("click", function() {
    alert("Bouton cliqué !");
});
```

👉 **Avec une fonction fléchée :**

```
bouton.addEventListener("click", () => alert("Bouton
cliqué !"));
```

◆ Modifier un élément après un clic

```
bouton.addEventListener("click", function() {
    let titre = document.getElementById("titre");
     titre.textContent = "Texte modifié après un clic
!";
});
```

◆ Capturer la saisie d'un utilisateur (input et keydown)

html

```
<input type="text" id="champTexte" placeholder="Tapez
quelque chose">
<p id="resultat"></p>
```

```
let champ = document.getElementById("champTexte");
let resultat = document.getElementById("resultat");

champ.addEventListener("input", function() {
        resultat.textContent = "Vous avez tapé : " +
champ.value;
});
```

🚀 input réagit immédiatement aux changements dans le champ de texte.

6 Bonnes pratiques pour manipuler le DOM efficacement

✔ Privilégier querySelector et querySelectorAll pour des sélections flexibles
✔ Limiter l'utilisation de innerHTML pour éviter des failles de sécurité
✔ Utiliser classList.add() plutôt que style pour une meilleure séparation HTML/CSS
✔ Ne pas modifier le DOM à chaque itération d'une boucle (optimiser avec documentFragment)
✔ Déléguer les événements sur des éléments parents (event delegation)

📍 Exemple d'event delegation (gestion efficace des événements)

```
document.getElementById("liste").addEventListener("clic
k", function(event) {
    if (event.target.tagName === "LI") {
                alert("Vous    avez    cliqué    sur   :   "   +
event.target.textContent);
    }
});
```

👉 Utile quand on ajoute dynamiquement des éléments à une liste !

1️⃣ Qu'est-ce qu'un événement en JavaScript ?

Un **événement** est une interaction entre l'utilisateur et le site web. Il peut s'agir de :
- ✔ Un **clic** sur un bouton
- ✔ Une **saisie** dans un champ de texte
- ✔ Un **défilement** de la page
- ✔ Une **fermeture** du navigateur
- ✔ Un **changement** dans une liste déroulante

Chaque événement peut être capté avec JavaScript et déclencher une action.

📍 **Exemple simple : un message qui s'affiche lorsqu'on clique sur un bouton**

html

```
<button id="monBouton">Cliquez-moi</button>
<script>

document.getElementById("monBouton").addEventListener("
click", function() {
        alert("Bouton cliqué !");
    });
</script>
```

2 Écouter un événement : plusieurs méthodes

Il existe plusieurs façons d'attacher un événement à un élément.

◆ 1. Attribut HTML (onclick, onmouseover...)

On peut directement attacher un événement dans le HTML :

html

```
<button          onclick="alert('Bouton          cliqué
!')">Cliquez-moi</button>
```

✘ **Inconvénient** : Mélange HTML et JavaScript, ce qui rend le code moins maintenable.

49

◆ 2. Propriété JavaScript (element.onclick)

```
let bouton = document.getElementById("monBouton");
bouton.onclick = function() {
    alert("Bouton cliqué !");
};
```

✗ **Limite** : Un seul événement peut être attaché par type (onclick écrasera tout autre gestionnaire).

◆ 3. addEventListener (méthode recommandée)

La méthode addEventListener() permet d'attacher **plusieurs événements** sans écrasement.

```
let bouton = document.getElementById("monBouton");

bouton.addEventListener("click", function() {
    alert("Premier événement !");
});

bouton.addEventListener("click", function() {
    console.log("Deuxième événement !");
});
```

■ **Avantages** : Permet d'attacher plusieurs événements, de les supprimer facilement et de mieux gérer la propagation.

③ Les événements les plus utilisés

◆ Événements de la souris

Événement	Description
click	Lorsque l'utilisateur clique sur un élément
dblclick	Double-clic sur un élément
mousedown	Lorsque l'utilisateur appuie sur le bouton de la souris
mouseup	Lorsque l'utilisateur relâche le bouton de la souris
mousemove	Lorsque la souris se déplace sur l'élément
mouseover	Lorsque la souris entre dans un élément
mouseout	Lorsque la souris quitte un élément

♥ Exemple : changer la couleur d'un élément au survol

```
let carre = document.getElementById("carre");

carre.addEventListener("mouseover", function() {
    carre.style.backgroundColor = "blue";
});

carre.addEventListener("mouseout", function() {
    carre.style.backgroundColor = "red";
});
```

◆ Événements du clavier

Événement	Description
keydown	Lorsqu'une touche est pressée
keyup	Lorsqu'une touche est relâchée
keypress	Lorsqu'une touche est enfoncée (obsolète)

♥ Exemple : détecter si l'utilisateur appuie sur "Entrée"

```
document.addEventListener("keydown", function(event) {
    if (event.key === "Enter") {
        alert("Vous avez appuyé sur Entrée !");
    }
});
```

◆ Événements de formulaire

Événement	Description
input	Lorsque l'utilisateur tape dans un champ
change	Lorsque la valeur d'un champ change (ex: sélection d'une option)
focus	Lorsque l'utilisateur clique sur un champ
blur	Lorsque l'utilisateur quitte un champ

♥ Exemple : afficher en direct ce que l'utilisateur tape

html

```
<input type="text" id="champTexte">
<p id="resultat"></p>

<script>
    let champ = document.getElementById("champTexte");
    let resultat = document.getElementById("resultat");

    champ.addEventListener("input", function() {
        resultat.textContent = "Vous avez tapé : " +
champ.value;
    });
</script>
```

[4] Propagation des événements et délégation

◆ La propagation des événements (event bubbling)

Par défaut, les événements en JavaScript **remontent** dans l'arborescence du DOM.

html

```
<div id="parent">
    <button id="enfant">Cliquez-moi</button>
</div>
```

```
<script>

document.getElementById("parent").addEventListener("cli
ck", function() {
        alert("Clic sur le parent !");
    });


document.getElementById("enfant").addEventListener("cli
ck", function(event) {
        alert("Clic sur le bouton !");
        event.stopPropagation(); // Empêche l'événement
de remonter
    });
</script>
```

🚀 **Astuce** : Utiliser `event.stopPropagation()` pour bloquer la propagation.

◆ Délégation d'événements (optimisation)

Plutôt que d'ajouter un événement sur **chaque élément**, on l'ajoute sur un **parent commun**.

```
document.getElementById("liste").addEventListener("clic
k", function(event) {
    if (event.target.tagName === "LI") {
                alert("Vous  avez  cliqué  sur  :  "  +
event.target.textContent);
    }
});
```

Avantages :

✔ Réduit le nombre d'événements attachés

✔ Fonctionne même avec des éléments ajoutés dynamiquement

5 Événements asynchrones et gestion avancée

◆ Exécuter un événement après un délai (setTimeout)

```
setTimeout(() => {
        console.log("Ce   message   s'affiche   après   2
secondes");
}, 2000);
```

◆ Répéter un événement (setInterval)

```
setInterval(() => {
      console.log("Ce message s'affiche toutes les 2
secondes");
}, 2000);
```

◆ Supprimer un écouteur d'événement (removeEventListener)

```
function direBonjour() {
    alert("Bonjour !");
    bouton.removeEventListener("click", direBonjour);
}

let bouton = document.getElementById("monBouton");
bouton.addEventListener("click", direBonjour);
```

👉 L'événement ne s'exécute **qu'une seule fois** !

Les animations et effets visuels en JavaScript

Les animations et les effets visuels sont essentiels pour améliorer l'expérience utilisateur et rendre un site web plus attractif et interactif. JavaScript offre plusieurs méthodes pour manipuler les styles, animer des éléments et créer des effets dynamiques.

Dans ce chapitre, nous allons explorer :
- **Pourquoi utiliser des animations en JavaScript ?**
- **Les méthodes natives : CSS vs JavaScript**
- **Les animations avec JavaScript pur**
- **Les animations avancées avec la bibliothèque GSAP**
- **Les animations basées sur le défilement (scrolling)**
- **Optimisation des performances des animations**

1 Pourquoi utiliser des animations en JavaScript ?

L'animation joue un rôle clé dans la conception d'une interface utilisateur :

✔ **Attirer l'attention** : un bouton animé est plus visible qu'un bouton statique.

✔ **Améliorer l'expérience utilisateur** : les transitions fluides rendent la navigation plus intuitive.

✔ **Rendre le site plus dynamique** : un site qui réagit aux actions de l'utilisateur est plus engageant.

✔ **Expliquer des interactions** : une animation peut indiquer qu'une action a bien été effectuée.

💡 **Exemple : Un bouton qui change de couleur lorsqu'on passe la souris dessus**

```
let bouton = document.getElementById("monBouton");

bouton.addEventListener("mouseover", function() {
    bouton.style.backgroundColor = "blue";
});

bouton.addEventListener("mouseout", function() {
    bouton.style.backgroundColor = "red";
});
```

2 CSS ou JavaScript : quel choix pour les animations ?

Critère	Animations CSS	Animations JavaScript
Performance	Très optimisé (GPU)	Moins performant (CPU)

Simplicité	Facile avec transition et animation	Plus flexible mais plus complexe
Interaction	Difficile à contrôler dynamiquement	Parfait pour des interactions complexes
Compatibilité	Large support navigateur	Large support navigateur

• **Les animations CSS** sont idéales pour les transitions simples (ex: changement de couleur, agrandissement).

• **Les animations JavaScript** sont plus puissantes et permettent des interactions avancées (ex: animation en fonction du défilement, animations conditionnelles, etc.).

③ Animer avec JavaScript natif

• Modifier le style avec JavaScript

La méthode la plus simple est de modifier directement les propriétés CSS.

```
let box = document.getElementById("box");

box.addEventListener("click", function() {
    box.style.transform = "scale(1.2)";
        box.style.transition = "transform 0.5s
ease-in-out";
});
```

🚀 **Inconvénient** : Peu performant si appliqué en continu.

• L'animation avec setInterval()

L'animation avec `setInterval()` permet de créer des effets progressifs.

```
let box = document.getElementById("box");
let position = 0;

let animation = setInterval(() => {
    if (position >= 200) {
        clearInterval(animation);
    } else {
        position += 5;
        box.style.left = position + "px";
    }
}, 50);
```

■ **Avantages** : Permet d'animer sans dépendre d'une bibliothèque.
✘ **Inconvénient** : Peut être saccadé et consomme plus de ressources.

- **La méthode `requestAnimationFrame()` (recommandée)**

La méthode `requestAnimationFrame()` est plus fluide car elle adapte l'animation au taux de rafraîchissement de l'écran.

```
let box = document.getElementById("box");
let position = 0;

function animate() {
    if (position < 200) {
        position += 5;
        box.style.left = position + "px";
        requestAnimationFrame(animate);
```

```
    }
}

animate();
```

🚀 **Optimisé** : Cette méthode est **plus fluide et plus performante** que `setInterval()`.

[4] Animer avec GSAP : la référence des animations JS

GSAP (GreenSock Animation Platform) est une bibliothèque JavaScript puissante pour créer des animations complexes et fluides.

* **Installation de GSAP**

html

```
<script
src="https://cdnjs.cloudflare.com/ajax/libs/gsap/3.12.2
/gsap.min.js"></script>
```

* **Exemple d'animation avec GSAP**

```
gsap.to("#box",  {  x:  200,  duration:  2,  ease:
"power2.out" });
```

⬛ **Avantages de GSAP** :
✔ Beaucoup plus fluide que les animations CSS ou `setInterval()`.
✔ Permet de créer des animations **enchaînées et synchronisées**.
✔ Fonctionne avec le défilement, les SVG, les animations 3D, etc.

5 Les animations basées sur le défilement (Scroll Animations)

Les animations basées sur le défilement permettent d'afficher des effets au moment où l'utilisateur fait défiler la page.

◆ Détecter le scroll avec JavaScript

```
window.addEventListener("scroll", function() {
    let position = window.scrollY;
    console.log("Position du scroll :", position);
});
```

📍 On peut utiliser cette technique pour animer des éléments lorsqu'ils apparaissent à l'écran.

◆ Utiliser la bibliothèque ScrollTrigger (GSAP)

GSAP propose ScrollTrigger, une extension dédiée aux animations au scroll.

```
gsap.registerPlugin(ScrollTrigger);

gsap.from("#box", {
    opacity: 0,
    y: 100,
    duration: 1,
    scrollTrigger: {
        trigger: "#box",
        start: "top 80%",
        toggleActions: "play none none reverse"
    }
```

```
});
```

■ **Avantages de ScrollTrigger** :
✔ Active l'animation **uniquement quand l'élément est visible**.
✔ Compatible avec **les sites one-page et les landing pages animées**.

6 Optimisation des performances des animations

Les animations mal optimisées peuvent ralentir un site web. Voici quelques **bonnes pratiques** :

■ **Utiliser transform et opacity plutôt que top, left, width, height**

🚀 **Mauvais exemple (ralenti le site)** :
css

```css
div {
    position: absolute;
    left: 0px;
    transition: left 1s ease;
}
```

✔ **Bon exemple (optimisé GPU)** :
css

```css
div {
    transform: translateX(0px);
    transition: transform 1s ease;
}
```

■ **Éviter les recalculs de layout (reflow)**

💡 Modifier un élément impacte souvent tout son parent. Préférez will-change: transform; pour limiter le recalcul.

■ Utiliser `requestAnimationFrame()` au lieu de `setInterval()`

✔ `requestAnimationFrame()` ajuste l'animation au taux de rafraîchissement de l'écran.

■ **Limiter le nombre d'éléments animés en simultané**

✔ Trop d'animations peuvent causer des ralentissements, surtout sur mobile.

■ Chapitre 3 : Stockage et Gestion des Données

Les tableaux et objets en JavaScript

En JavaScript, **les tableaux et les objets** sont les structures de données fondamentales permettant de stocker et manipuler des informations de manière efficace. Les tableaux sont utilisés pour gérer des collections d'éléments ordonnés, tandis que les objets permettent d'organiser des données sous forme de paires clé-valeur.

Dans ce chapitre, nous allons voir :

■ **Les tableaux : définition, manipulation et méthodes essentielles**

■ **Les objets : structure, propriétés et méthodes**

■ **Les différences entre tableaux et objets**

■ **Les structures complexes : tableaux d'objets et objets imbriqués**

■ **Les bonnes pratiques pour manipuler efficacement ces structures**

1 Les Tableaux en JavaScript

📌 Définition d'un tableau

Un **tableau** est une structure de données qui permet de stocker plusieurs valeurs dans une seule variable. Chaque élément du tableau est accessible via un **indice** (index), qui commence à 0.

◆ Déclaration d'un tableau

```
let fruits = ["Pomme", "Banane", "Cerise"];
console.log(fruits[0]); // Pomme
console.log(fruits[1]); // Banane
console.log(fruits.length); // 3 (nombre d'éléments)
```

📍 Un tableau peut contenir des types de données mixtes (nombres, chaînes, objets, etc.).

◆ Méthodes essentielles sur les tableaux

JavaScript offre plusieurs méthodes intégrées pour manipuler les tableaux :

Méthode	Description	Exemple
push()	Ajoute un élément à la fin	fruits.push("Orange");
pop()	Supprime le dernier élément	fruits.pop();
unshift()	Ajoute un élément au début	fruits.unshift("Mangue");
shift()	Supprime le premier élément	fruits.shift();
splice()	Ajoute ou supprime un élément	fruits.splice(1, 1, "Kiwi");

slice()	Copie une partie du tableau	`let copie = fruits.slice(1, 3);`
indexOf()	Trouve l'index d'un élément	`fruits.indexOf("Banane");`
includes()	Vérifie la présence d'un élément	`fruits.includes("Cerise");`

♥ Exemple : Suppression et ajout d'éléments

```
let nombres = [10, 20, 30, 40];
nombres.pop(); // Supprime 40
nombres.push(50); // Ajoute 50 à la fin
console.log(nombres); // [10, 20, 30, 50]
```

◆ Parcourir un tableau avec forEach() et map()

La méthode forEach() permet d'itérer sur chaque élément d'un tableau :

```
let couleurs = ["Rouge", "Vert", "Bleu"];
couleurs.forEach((couleur) => {
    console.log("Couleur :", couleur);
});
```

La méthode map() permet de transformer chaque élément et retourner un **nouveau tableau** :

```
let nombres = [1, 2, 3, 4];
let doubles = nombres.map((n) => n * 2);
console.log(doubles); // [2, 4, 6, 8]
```

2 Les Objets en JavaScript

📌 Définition d'un objet

Un **objet** est une collection de données organisées sous forme de **paires clé-valeur**. Chaque clé (ou propriété) est associée à une valeur, qui peut être un nombre, une chaîne, une fonction ou un autre objet.

* **Déclaration d'un objet**

```
let utilisateur = {
    nom: "Alice",
    age: 25,
    email: "alice@example.com"
};
console.log(utilisateur.nom); // Alice
console.log(utilisateur["age"]); // 25
```

📍 On peut accéder aux valeurs avec . ou [ ].

* **Ajouter, modifier et supprimer des propriétés**

```
let voiture = {
    marque: "Tesla",
    modele: "Model 3"
};

voiture.annee = 2024; // Ajout d'une nouvelle propriété
```

```
voiture.marque = "BMW"; // Modification d'une propriété
delete voiture.modele; // Suppression d'une propriété

console.log(voiture); // { marque: "BMW", annee: 2024 }
```

◆ Parcourir un objet avec `for...in`

```
let produit = { nom: "Ordinateur", prix: 1000, stock: 5
};

for (let cle in produit) {
    console.log(cle + " : " + produit[cle]);
}
```

◆ Les objets avec méthodes

Une **méthode** est une fonction définie à l'intérieur d'un objet.

```
let personne = {
    nom: "Max",
    direBonjour: function() {
            console.log("Bonjour, je m'appelle " +
this.nom);
    }
};

personne.direBonjour(); // Bonjour, je m'appelle Max
```

🔻 `this` permet de référencer l'objet lui-même.

③ Différences entre Tableaux et Objets

Critère	Tableau	Objet
Structure	Indexée (0,1,2,...)	Clés nommées (propriétés)
Ordre	Ordonné	Pas forcément ordonné
Accès aux données	Par index (tableau[0])	Par clé (objet.nom)
Usage idéal	Liste d'éléments similaires	Regrouper des données liées

📍 **Exemple : Un objet avec un tableau**

```
let etudiant = {
    nom: "Paul",
    notes: [15, 17, 20]
};
console.log(etudiant.notes[1]); // 17
```

④ Structures complexes : Tableaux d'objets et Objets imbriqués

◆ Tableaux d'objets

Un tableau peut contenir plusieurs objets, ce qui est idéal pour **gérer une liste d'éléments**.

```
let utilisateurs = [
    { nom: "Alice", age: 25 },
    { nom: "Bob", age: 30 }
];


console.log(utilisateurs[0].nom); // Alice
```

📍 Parcourir un tableau d'objets avec map()

```
utilisateurs.map((user) => console.log(user.nom));
```

◆ Objets imbriqués

Un objet peut contenir un autre objet comme propriété.

```
let entreprise = {
    nom: "TechCorp",
    adresse: {
        rue: "123 rue des startups",
        ville: "Paris"
    }
};
console.log(entreprise.adresse.ville); // Paris
```

5 Bonnes pratiques pour manipuler les tableaux et objets

✔ **Toujours utiliser const pour les tableaux et objets** afin d'éviter des modifications involontaires.

✔ **Utiliser spread (...) pour copier un tableau ou un objet sans altérer l'original.**

✔ Privilégier `map()`, `filter()` et `reduce()` pour éviter les boucles for classiques.

✔ **Ne pas abuser des objets imbriqués trop profonds**, car cela les rend plus difficiles à manipuler.

■ Stocker des données avec LocalStorage et SessionStorage

En JavaScript, **LocalStorage** et **SessionStorage** sont des solutions de stockage permettant de conserver des données côté client. Elles offrent une alternative pratique aux cookies et aux bases de données pour sauvegarder des informations directement dans le navigateur.

Dans ce chapitre, nous allons voir :
■ **Les différences entre LocalStorage et SessionStorage**
■ **Comment stocker, récupérer et supprimer des données**
■ **Les bonnes pratiques pour utiliser ces stockages efficacement**
■ **Des cas pratiques pour améliorer l'expérience utilisateur**

1 Introduction : Pourquoi utiliser LocalStorage et SessionStorage ?

Avant l'apparition du stockage Web, les développeurs utilisaient principalement les **cookies** pour stocker des informations sur le client. Toutefois, les cookies ont plusieurs inconvénients :
● **Limités en taille (4 Ko maximum)**
● **Envoyés avec chaque requête HTTP, ce qui alourdit les échanges**
● **Moins sécurisés**

LocalStorage et SessionStorage offrent une meilleure alternative :
■ **Plus de capacité de stockage (5 à 10 Mo)**
■ **Accessibles uniquement via JavaScript (non envoyés avec les**

requêtes HTTP)
■ Faciles à utiliser et performants

[2] Différences entre LocalStorage et SessionStorage

Caractéristique	LocalStorage	SessionStorage
Persistance	Conserve les données même après la fermeture du navigateur	Les données sont supprimées lorsque l'onglet ou le navigateur est fermé
Capacité	Environ **5 Mo** par domaine	Environ **5 Mo** par session
Accessibilité	Disponible sur toutes les pages du même domaine	Accessible uniquement dans l'onglet où il a été créé
Cas d'usage	Stocker des préférences utilisateur, des jetons d'authentification	Sauvegarder des données temporaires (ex. : panier d'achat éphémère)

[3] Manipuler LocalStorage et SessionStorage

Les deux utilisent les mêmes méthodes JavaScript :

- setItem(key, value): Enregistre une donnée
- getItem(key): Récupère une donnée
- removeItem(key): Supprime une donnée
- clear(): Supprime toutes les données stockées

◆ Stocker des données dans LocalStorage

```
localStorage.setItem("nom", "Alice");
localStorage.setItem("age", 25);
```

Les données sont stockées **sous forme de chaînes de caractères** (string).

◆ Récupérer des données depuis LocalStorage

```
let nom = localStorage.getItem("nom");
console.log(nom); // Alice
```

Si la clé n'existe pas, getItem() retourne null.

◆ Supprimer une donnée de LocalStorage

```
localStorage.removeItem("nom"); // Supprime la clé "nom"
```

◆ Supprimer toutes les données stockées

```
localStorage.clear(); // Vide complètement LocalStorage
```

◆ Gérer des objets avec LocalStorage

Comme LocalStorage stocke uniquement des **chaînes de caractères**, il faut utiliser JSON.stringify() pour enregistrer un objet.

```
let utilisateur = { nom: "Alice", age: 25 };
localStorage.setItem("utilisateur",
JSON.stringify(utilisateur));
```

💡 Pour récupérer l'objet, on utilise JSON.parse()

```
let                              user                              =
JSON.parse(localStorage.getItem("utilisateur"));
```

```
console.log(user.nom); // Alice
```

◆ Utiliser SessionStorage

SessionStorage fonctionne exactement comme LocalStorage, mais les données disparaissent à la fermeture de l'onglet.

```
sessionStorage.setItem("sessionID", "123456");
console.log(sessionStorage.getItem("sessionID"));    //
123456
sessionStorage.removeItem("sessionID"); // Supprime la
session
```

[4] Cas pratiques

■ Cas 1 : Sauvegarde automatique d'un formulaire

Si l'utilisateur quitte la page sans soumettre un formulaire, on peut sauvegarder son texte avec LocalStorage.

```
let textarea = document.getElementById("commentaire");

// Charger les données sauvegardées
textarea.value = localStorage.getItem("commentaire") ||
"";

// Sauvegarder le texte à chaque modification
textarea.addEventListener("input", () => {
                    localStorage.setItem("commentaire",
textarea.value);
});
```

- ◆ **Même après un rechargement de la page, le texte est conservé.**

■ Cas 2 : Mode sombre avec LocalStorage

On peut stocker les préférences de l'utilisateur.

```
let modeSombre = localStorage.getItem("modeSombre") ===
"true";

document.body.classList.toggle("dark", modeSombre);

document.getElementById("toggleMode").addEventListener(
"click", () => {
    modeSombre = !modeSombre;
    localStorage.setItem("modeSombre", modeSombre);
    document.body.classList.toggle("dark", modeSombre);
});
```

• **Même après une déconnexion, l'utilisateur retrouve son mode préféré.**

■ Cas 3 : Panier d'achat temporaire avec SessionStorage

```
let                    panier                    =
JSON.parse(sessionStorage.getItem("panier")) || [];

function ajouterAuPanier(produit) {
    panier.push(produit);
                        sessionStorage.setItem("panier",
JSON.stringify(panier));
}

ajouterAuPanier({ id: 1, nom: "Laptop", prix: 999 });
```

```
console.log(JSON.parse(sessionStorage.getItem("panier")
));
// [{ id: 1, nom: "Laptop", prix: 999 }]
```

* Le panier est effacé si l'utilisateur ferme l'onglet.

[5] Bonnes pratiques et limites

✔ **Éviter de stocker des informations sensibles** (ex : mots de passe, tokens d'authentification)

✔ **Limiter la taille des données stockées** (éviter les fichiers volumineux)

✔ **Utiliser JSON.stringify() et JSON.parse() pour manipuler des objets**

✔ **Utiliser SessionStorage pour les données temporaires et LocalStorage pour les préférences utilisateur**

✔ **Vérifier la compatibilité navigateur** (fonctionne sur tous les navigateurs modernes)

⊕ Manipuler JSON et API REST en JavaScript

Dans le développement web moderne, **JSON (JavaScript Object Notation)** et les **API REST** sont essentiels pour l'échange de données entre un client (navigateur) et un serveur. Que ce soit pour récupérer des informations depuis une base de données, envoyer des requêtes à un service externe ou gérer des interactions dynamiques sur un site web, comprendre et manipuler ces technologies est indispensable.

Dans ce chapitre, nous allons apprendre :
- ■ **Ce qu'est JSON et pourquoi il est incontournable**
- ■ **Comment manipuler JSON en JavaScript**
- ■ **Les bases des API REST**
- ■ **Comment envoyer et recevoir des données avec** `fetch()`
- ■ **Gérer les erreurs et optimiser les requêtes**

1 Qu'est-ce que JSON ?

JSON (*JavaScript Object Notation*) est un format **léger, lisible et structuré** utilisé pour l'échange de données. Il est largement utilisé dans les **API REST** et remplace souvent XML en raison de sa simplicité.

◆ Exemple d'un objet JSON

json

```
{
  "nom": "Alice",
  "age": 25,
  "email": "alice@example.com",
    "interets": ["JavaScript",  "API",  "Développement
web"]
}
```

Un objet JSON est similaire aux objets JavaScript, mais **toutes les clés doivent être entourées de guillemets doubles ("").**

[2] Manipuler JSON en JavaScript

+ **Convertir un objet JavaScript en JSON (JSON.stringify())**

En JavaScript, on utilise JSON.stringify() pour convertir un objet en JSON.

```
const utilisateur = {
    nom: "Alice",
    age: 25,
    email: "alice@example.com"
};
```

```
const jsonString = JSON.stringify(utilisateur);
console.log(jsonString);
//                         Résultat                    :
'{"nom":"Alice","age":25,"email":"alice@example.com"}'
```

+ **Convertir une chaîne JSON en objet JavaScript (JSON.parse())**

Lorsqu'on reçoit une réponse JSON depuis une API, elle est sous forme de **chaîne de caractères**. Pour la manipuler, il faut la convertir en objet JavaScript.

```
const                 jsonString                 =
'{"nom":"Alice","age":25,"email":"alice@example.com"}';
const utilisateur = JSON.parse(jsonString);
```

```
console.log(utilisateur.nom); // Alice
console.log(utilisateur.age); // 25
```

⚠ **Erreur courante** : JSON.parse() ne fonctionne que si la chaîne est bien formatée. Une erreur dans le JSON peut provoquer une exception.

③ Comprendre les API REST

Une **API REST (Representational State Transfer)** est une interface qui permet à des applications de communiquer entre elles via le protocole **HTTP**.

👉 Une API REST répond généralement en JSON et fonctionne grâce aux **méthodes HTTP** :

Méthode	Action	Exemple
GET	Récupérer des données	Récupérer une liste d'articles
POST	Envoyer de nouvelles données	Ajouter un utilisateur
PUT	Modifier une ressource	Mettre à jour un profil
DELETE	Supprimer une ressource	Supprimer un article

Exemple d'API REST publique : JSONPlaceholder (faux serveur d'API pour tester des requêtes).

④ Envoyer des requêtes avec fetch()

✦ Faire une requête GET pour récupérer des données

La fonction `fetch()` permet d'envoyer des requêtes HTTP et de récupérer des données au format JSON.

```
fetch("https://jsonplaceholder.typicode.com/users")
    .then(response => response.json()) // Convertit la
réponse en JSON
    .then(data => console.log(data))   // Affiche les
données
    .catch(error => console.error("Erreur : ", error));
```

• Ici, on récupère une liste d'utilisateurs depuis une API et on affiche les données dans la console.

✦ Faire une requête POST pour envoyer des données

Lorsqu'on envoie des données à une API (comme un formulaire), on utilise la méthode **POST** et on inclut un **body JSON**.

```
fetch("https://jsonplaceholder.typicode.com/posts", {
    method: "POST",
    headers: {
        "Content-Type": "application/json"
    },
    body: JSON.stringify({
        titre: "Mon premier post",
        contenu: "Ceci est un article envoyé via une
API REST."
    })
})
.then(response => response.json())
.then(data => console.log("Donnée envoyée :", data))
```

```
.catch(error => console.error("Erreur :", error));
```

* **Explication :**

  * `method: "POST"` → On envoie des données.
  * `headers: {"Content-Type": "application/json"}` → On précise qu'on envoie du JSON.
  * `body: JSON.stringify({...})` → On convertit notre objet en JSON avant de l'envoyer.

* **Faire une requête PUT pour modifier des données**

```
fetch("https://jsonplaceholder.typicode.com/posts/1", {
    method: "PUT",
    headers: {
        "Content-Type": "application/json"
    },
    body: JSON.stringify({
        titre: "Titre mis à jour",
        contenu: "Nouveau contenu de l'article."
    })
})
.then(response => response.json())
.then(data => console.log("Donnée mise à jour :",
data))
.catch(error => console.error("Erreur :", error));
```

👉 Ici, on modifie l'article avec l'ID 1.

* **Faire une requête DELETE pour supprimer des données**

```
fetch("https://jsonplaceholder.typicode.com/posts/1", {
    method: "DELETE"
```

```
})
.then(() => console.log("Donnée supprimée"))
.catch(error => console.error("Erreur :", error));
```

👉 Ici, on supprime un article spécifique.

5 Gérer les erreurs et optimiser les requêtes

◆ Vérifier le statut des réponses

Par défaut, `fetch()` ne renvoie pas d'erreur si la requête échoue. Il faut vérifier le **code HTTP**.

```
fetch("https://jsonplaceholder.typicode.com/users")
    .then(response => {
        if (!response.ok) {
            throw new Error(`Erreur ${response.status}
: ${response.statusText}`);
        }
        return response.json();
    })
    .then(data => console.log(data))
    .catch(error => console.error("Erreur détectée :",
error));
```

◆ Les statuts HTTP les plus courants :

- `200 OK` ■ → Tout s'est bien passé
- `400 Bad Request` ✘ → Erreur côté client (requête incorrecte)
- `401 Unauthorized` ✘ → Authentification requise
- `404 Not Found` ✘ → Ressource inexistante
- `500 Internal Server Error` ✘ → Erreur serveur

6 Cas pratique : Charger et afficher des données dans une page HTML

Objectif : Charger et afficher une liste d'utilisateurs depuis une API.
html

```html
<!DOCTYPE html>
<html lang="fr">
<head>
    <meta charset="UTF-8">
     <meta name="viewport" content="width=device-width,
initial-scale=1.0">
    <title>Utilisateurs</title>
</head>
<body>
    <h1>Liste des utilisateurs</h1>
    <ul id="user-list"></ul>

    <script>

fetch("https://jsonplaceholder.typicode.com/users")
            .then(response => response.json())
            .then(users => {
                                const userList =
document.getElementById("user-list");
                users.forEach(user => {
                                let li =
document.createElement("li");
                        li.textContent = `${user.name} -
${user.email}`;
                    userList.appendChild(li);
                });
```

```
        })
          .catch(error => console.error("Erreur :",
error));
    </script>
</body>
</html>
```

- Ici, on récupère les utilisateurs et on les affiche dynamiquement dans une liste.

📡 Chapitre 4 : Communiquer avec le Web

📡 Les requêtes HTTP avec Fetch

Dans un monde où les applications web sont de plus en plus interactives et dynamiques, la communication avec un serveur est une étape incontournable. Que ce soit pour récupérer des informations depuis une base de données, soumettre un formulaire, ou interagir avec des services externes, **les requêtes HTTP** jouent un rôle fondamental.

Dans ce chapitre, nous allons apprendre à **envoyer et recevoir des données** à l'aide de `fetch()`, l'API moderne de JavaScript pour gérer les requêtes HTTP.

Au programme :
- ■ Comprendre le fonctionnement des requêtes HTTP
- ■ Effectuer des requêtes GET et POST avec `fetch()`
- ■ Envoyer des données et gérer les en-têtes HTTP
- ■ Gérer les erreurs et optimiser les requêtes
- ■ Améliorer le code avec `async`/`await`

1 Comprendre les requêtes HTTP

HTTP (*HyperText Transfer Protocol*) est le protocole utilisé pour **échanger des données** entre un client (navigateur) et un serveur.

Une requête HTTP est composée de :
- ◆ **Une URL** (*Uniform Resource Locator*) : l'adresse de la ressource demandée.
- ◆ **Une méthode HTTP** : indique l'action à effectuer.
- ◆ **Des en-têtes HTTP** : transmettent des informations sur la requête.
- ◆ **Un corps de requête (facultatif)** : contient des données à envoyer (ex : formulaire, JSON).

⊕ Les méthodes HTTP principales

Méthode	Action	Exemple d'utilisation
GET	Récupérer des données	Charger une liste d'utilisateurs
POST	Envoyer des données	Enregistrer un nouvel utilisateur

PUT	Modifier une ressource	Mettre à jour un profil utilisateur
DELETE	Supprimer une ressource	Supprimer un article

[2] Effectuer une requête GET avec Fetch

La méthode `fetch()` permet d'envoyer des requêtes HTTP et de récupérer des réponses au format JSON.

📕 Exemple de requête GET

Voici comment récupérer une liste d'utilisateurs depuis une API :

```
fetch("https://jsonplaceholder.typicode.com/users")
    .then(response => response.json())  // Convertit la
réponse en JSON
    .then(data => console.log(data))    // Affiche les
données dans la console
    .catch(error => console.error("Erreur :", error));
// Gestion des erreurs
```

• **Explication :**

- `fetch(url)` envoie une requête à l'URL spécifiée.
- `response.json()` convertit la réponse en **objet JavaScript**.
- `then(data => console.log(data))` affiche les résultats.
- `catch(error => console.error(error))` capture les erreurs éventuelles (ex : serveur inaccessible).

🔎 Exemple : Afficher une liste d'utilisateurs dans une page HTML

html

```html
<!DOCTYPE html>
<html lang="fr">
<head>
    <meta charset="UTF-8">
     <meta name="viewport" content="width=device-width,
initial-scale=1.0">
    <title>Liste des utilisateurs</title>
</head>
<body>
    <h1>Utilisateurs</h1>
    <ul id="user-list"></ul>

    <script>

fetch("https://jsonplaceholder.typicode.com/users")
            .then(response => response.json())
            .then(users => {
                                    const userList =
document.getElementById("user-list");
                users.forEach(user => {
                                    let li =
document.createElement("li");
                        li.textContent = `${user.name} -
${user.email}`;
                    userList.appendChild(li);
                });
            })
            .catch(error => console.error("Erreur :",
error));
    </script>
```

```
</body>
</html>
```

* Ce script récupère une liste d'utilisateurs et les affiche dynamiquement.

3 Effectuer une requête POST pour envoyer des données

Pour **envoyer des données** à un serveur (ex : un formulaire), on utilise la méthode **POST** avec un **corps JSON**.

■ Exemple de requête POST

```
fetch("https://jsonplaceholder.typicode.com/posts", {
    method: "POST",
    headers: {
        "Content-Type": "application/json"
    },
    body: JSON.stringify({
        titre: "Mon premier post",
        contenu: "Ceci est un article envoyé via une
API."
    })
})
.then(response => response.json())
.then(data => console.log("Donnée envoyée :", data))
.catch(error => console.error("Erreur :", error));
```

* **Explication :**

  * method: "POST" → On envoie des données.

- `headers: {"Content-Type": "application/json"}` → On précise qu'on envoie du JSON.
- `body: JSON.stringify({...})` → On convertit un objet JavaScript en JSON.

4 Gérer les erreurs et optimiser les requêtes

✔ Vérifier le statut des réponses

`fetch()` ne lève pas d'erreur si le serveur renvoie un **code HTTP d'erreur** (404, 500, etc.). Il faut donc **vérifier** la réponse.

```
fetch("https://jsonplaceholder.typicode.com/users")
    .then(response => {
        if (!response.ok) {
            throw new Error(`Erreur ${response.status}
: ${response.statusText}`);
        }
        return response.json();
    })
    .then(data => console.log(data))
    .catch(error => console.error("Erreur détectée :",
error));
```

✔ Timeout et annulation d'une requête

Si une requête prend trop de temps, il est possible de la **stopper** à l'aide de `AbortController`.

```
const controller = new AbortController();
const signal = controller.signal;
```

```
setTimeout(() => controller.abort(), 5000); // Timeout
de 5 secondes

fetch("https://jsonplaceholder.typicode.com/users",  {
signal })
    .then(response => response.json())
    .then(data => console.log(data))
    .catch(error => console.error("Requête annulée :",
error));
```

* Ici, la requête est annulée après **5 secondes** si elle n'a pas abouti.

5 Améliorer la gestion des requêtes avec async/await

Utiliser async/await permet d'écrire un code **plus lisible et plus simple**.

✴ Requête GET avec async/await

```
async function getUsers() {
    try {
                            let    response   =    await
fetch("https://jsonplaceholder.typicode.com/users");
        if (!response.ok) {
                            throw  new  Error(`Erreur
${response.status}`);
        }
        let users = await response.json();
        console.log(users);
    } catch (error) {
```

```
        console.error("Erreur :", error);
    }
}

getUsers();
```

- **Avantages** :
- Code plus clair et linéaire
- Plus facile à lire et à maintenir

🚀 Utiliser les Promesses et async/await

En JavaScript moderne, **les promesses** et **async/await** sont des outils incontournables pour gérer le code asynchrone. Ils permettent d'exécuter des opérations longues (comme des requêtes réseau ou des accès aux fichiers) sans bloquer l'exécution du programme.

Dans ce chapitre, nous allons voir :
- Pourquoi utiliser des promesses ?
- La syntaxe des promesses (then et catch)

■ Améliorer la lisibilité avec `async`/`await`
■ Gérer les erreurs et les cas avancés

☐1 Pourquoi utiliser des promesses ?

Dans le JavaScript classique, on utilisait des **callbacks** pour gérer l'asynchronisme, mais cela menait souvent à des problèmes de **callback hell** (imbriquements excessifs).

Exemple avec des callbacks imbriqués :

```
setTimeout(() => {
    console.log("Première tâche terminée");
    setTimeout(() => {
        console.log("Deuxième tâche terminée");
        setTimeout(() => {
            console.log("Troisième tâche terminée");
        }, 1000);
    }, 1000);
}, 1000);
```

● **Problème** : Le code devient difficile à lire et à maintenir.

💡 **Solution** : **les promesses** permettent d'écrire un code plus clair et mieux structuré.

☐2 Comprendre les Promises en JavaScript

Une **Promise** est un objet représentant une **opération asynchrone** qui peut aboutir ou échouer.

✗ Création d'une Promise

```
const maPromesse = new Promise((resolve, reject) => {
    let success = true; // Simule un succès ou un échec
    setTimeout(() => {
        if (success) {
            resolve("Succès !");
        } else {
            reject("Échec...");
        }
    }, 2000);
});


console.log(maPromesse);
```

■ Exécuter une Promise avec then( ) et catch( )

```
maPromesse
    .then(result => console.log("Résultat :", result))
// En cas de succès
    .catch(error => console.error("Erreur :", error));
// En cas d'échec
```

* **resolve( )** : déclenche le then( )
* **reject( )** : déclenche le catch( )

3 Enchaîner plusieurs Promises

Un avantage des Promises est qu'on peut facilement **enchaîner plusieurs opérations asynchrones**.

🚀 Exemple : Récupérer un utilisateur, puis ses posts

```
function getUser() {
    return new Promise(resolve => {
        setTimeout(() => resolve({ id: 1, name: "Alice"
}), 1000);
    });
}

function getPosts(userId) {
    return new Promise(resolve => {
        setTimeout(() => resolve(["Post 1", "Post 2"]),
1000);
    });
}

getUser()
    .then(user => {
        console.log("Utilisateur :", user);
        return getPosts(user.id);
    })
    .then(posts => console.log("Posts :", posts))
    .catch(error => console.error("Erreur :", error));
```

* **Avantage** : Chaque `.then()` prend le résultat du précédent et le
passe au suivant.
  * **Si une erreur survient, `catch()` la récupère.**

[4] Simplifier avec `async/await`

Les Promise sont puissantes, mais async/await permet un code **plus
lisible** et **moins imbriqué**.

🔍 Réécriture avec async/await

```
async function afficherUtilisateurEtPosts() {
    try {
        const user = await getUser();
        console.log("Utilisateur :", user);

        const posts = await getPosts(user.id);
        console.log("Posts :", posts);
    } catch (error) {
        console.error("Erreur :", error);
    }
}

afficherUtilisateurEtPosts();
```

* **await remplace .then()** → Le code semble **synchrone**, mais il est toujours **asynchrone** !
   * **Le try/catch remplace .catch()** pour une gestion des erreurs plus naturelle.

5 Gérer plusieurs promesses en parallèle

Parfois, on veut exécuter **plusieurs tâches asynchrones en même temps**.

■ Promise.all() : Exécuter plusieurs promesses simultanément

Si plusieurs tâches peuvent être effectuées **en parallèle**, on utilise Promise.all().

```
const promesse1 = new Promise(resolve => setTimeout(()
=> resolve("Résultat 1"), 2000));
const promesse2 = new Promise(resolve => setTimeout(()
=> resolve("Résultat 2"), 1000));

Promise.all([promesse1, promesse2])
     .then(results => console.log("Tous les résultats
:", results))
    .catch(error => console.error("Erreur :", error));
```

- Les promesses s'exécutent en parallèle.
- Le then() s'exécute quand toutes sont terminées.
- Si l'une échoue, catch() est déclenché.

▉ Promise.race() : Prendre la première Promise qui termine

```
Promise.race([promesse1, promesse2])
     .then(result => console.log("Premier résultat :",
result))
    .catch(error => console.error("Erreur :", error));
```

- Renvoie le premier résultat obtenu (succès ou échec).

6 Cas avancés et bonnes pratiques

● Gérer les erreurs proprement

Avec fetch() et async/await :

```
async function fetchData() {
```

95

```
    try {
                          let    response    =    await
fetch("https://jsonplaceholder.typicode.com/users");
        if (!response.ok) throw new Error(`HTTP Error :
${response.status}`);
        let data = await response.json();
        console.log("Données reçues :", data);
    } catch (error) {
        console.error("Erreur de requête :", error);
    }
}

fetchData();
```

* Toujours vérifier `response.ok` pour éviter les erreurs cachées.
* Utiliser `try/catch` pour capturer les erreurs réseau.

📡 Intégrer une API en temps réel

Dans un monde ultra-connecté, les applications modernes nécessitent souvent des **données en temps réel**. Que ce soit pour des **notifications instantanées**, un **chat en direct**, ou encore un **tableau de bord mis à jour dynamiquement**, l'intégration d'une API en temps réel est un atout majeur pour enrichir une application web.

Dans ce chapitre, nous allons explorer :
■ **Pourquoi utiliser une API en temps réel**
■ **Les différentes solutions pour le temps réel**
■ **WebSockets : le standard de la communication en direct**

■ Utiliser Firebase pour une intégration facile
■ Optimiser la gestion des flux de données

1 Pourquoi utiliser une API en temps réel ?

Le **temps réel** est essentiel pour :

- 🔔 **Recevoir des mises à jour instantanées** (ex. : notifications, messagerie)
- ■ **Afficher des données dynamiques sans recharger la page** (ex. : tableau de bord financier)
- 👥 **Synchroniser plusieurs utilisateurs** (ex. : collaboration en direct comme Google Docs)
- 🎮 **Créer des expériences interactives** (ex. : jeux multijoueurs, live chat)

Les solutions classiques avec `setInterval()` et des requêtes fréquentes sont gourmandes en ressources. Les **WebSockets** et les **technologies modernes comme Firebase** offrent une meilleure alternative.

2 Les différentes solutions pour le temps réel

■ 1. Polling : Vérification périodique

Une solution basique consiste à interroger le serveur régulièrement avec `setInterval()` :

```
setInterval(async () => {
                let    response    =    await
fetch("https://api.exemple.com/data");
    let data = await response.json();
    console.log("Données reçues :", data);
```

```
}, 5000);
```

⚠ **Inconvénients** :

- Consomme beaucoup de bande passante
- Peut être lent en cas de rafraîchissement peu fréquent

◉ 2. Long Polling : Une meilleure alternative

Avec le **long polling**, le serveur garde la connexion ouverte jusqu'à ce qu'il ait des données à envoyer.

```
async function longPolling() {
    while (true) {
                              let    response   =    await
fetch("https://api.exemple.com/data");
        let data = await response.json();
        console.log("Mise à jour :", data);
    }
}

longPolling();
```

⬛ **Avantages** : Réduction du nombre de requêtes inutiles
⚠ **Inconvénients** : Toujours limité par les délais d'attente

③ WebSockets : le standard du temps réel

Les **WebSockets** permettent une communication **bidirectionnelle**, où le serveur et le client peuvent envoyer et recevoir des messages en continu sans devoir ouvrir une nouvelle connexion à chaque fois.

🔔 Exemples d'applications utilisant WebSockets

98

- Chat en direct (ex. : WhatsApp Web)
- Notifications push
- Jeux en ligne et synchronisation de sessions

🚀 Comment utiliser WebSockets en JavaScript ?

📌 1. Créer un serveur WebSocket avec Node.js

```
const WebSocket = require("ws");

const server = new WebSocket.Server({ port: 8080 });

server.on("connection", ws => {
    console.log("Nouvelle connexion WebSocket");

    ws.on("message", message => {
        console.log("Message reçu :", message);
        ws.send("Message bien reçu !");
    });

    ws.send("Bienvenue sur le serveur WebSocket !");
});
```

📌 2. Se connecter à un WebSocket côté client

```
const socket = new WebSocket("ws://localhost:8080");

socket.onopen = () => {
    console.log("Connexion WebSocket établie !");
    socket.send("Bonjour serveur !");
};

socket.onmessage = event => {
```

```
    console.log("Message du serveur :", event.data);
};

socket.onerror = error => {
    console.error("Erreur WebSocket :", error);
};

socket.onclose = () => {
    console.log("Connexion WebSocket fermée");
};
```

◼ **Avantages des WebSockets** :

- Très **rapide** car sans latence liée aux requêtes HTTP
- **Optimisé** pour le temps réel
- Fonctionne sur **tous les navigateurs modernes**

▲ Inconvénients :

- Peut être bloqué par certains firewalls
- Consomme des ressources si mal géré

[4] Firebase : Une alternative clé en main

Si vous ne souhaitez pas gérer un serveur WebSocket, **Firebase Realtime Database** permet de **synchroniser des données en temps réel** sans effort.

🚀 Mise en place d'une base de données temps réel avec Firebase

📌 1. Installation et configuration

Créez un projet Firebase sur Firebase Console, puis ajoutez Firebase à votre projet JavaScript :

bash

```
npm install firebase
```

📌 2. Configuration Firebase

```
import { initializeApp } from "firebase/app";
import { getDatabase, ref, onValue, set } from
"firebase/database";

const firebaseConfig = {
    apiKey: "VOTRE_API_KEY",
    authDomain: "VOTRE_PROJET.firebaseapp.com",
    databaseURL: "https://VOTRE_PROJET.firebaseio.com",
    projectId: "VOTRE_PROJET",
};

const app = initializeApp(firebaseConfig);
const db = getDatabase(app);
```

⬛ Ajouter et écouter des données en temps réel

📌 1. Ajouter des données

```
set(ref(db, "messages/chat1"), {
    user: "Alice",
    message: "Bonjour tout le monde !",
    timestamp: Date.now(),
});
```

```
onValue(ref(db, "messages/chat1"), snapshot => {
    const data = snapshot.val();
    console.log("Nouveau message :", data);
});
```

■ **Avantages de Firebase** :

- **Ultra-simple** à mettre en place
- **Synchronisation automatique** des données
- **Scalabilité** et **sécurité** intégrées

▲ Inconvénients :

- Service payant pour un usage intensif
- Dépendance à une plateforme externe

5 Optimisation et meilleures pratiques

✗ Gérer les erreurs et reconnexions

Lorsque vous utilisez WebSockets ou Firebase, pensez à **gérer les déconnexions et reconnexions automatiques** :

```
socket.onclose = () => {
            console.log("Déconnecté,    tentative    de
reconnexion...");
    setTimeout(() => {
        socket = new WebSocket("ws://localhost:8080");
    }, 3000);
};
```

✎ Éviter les fuites mémoire

Si vous écoutez des événements (onmessage, onValue() sur Firebase), pensez à les **désactiver** lorsque l'utilisateur quitte la page.

```
socket.close(); // Fermer la connexion proprement
```

⚙ Chapitre 5 : Programmation Avancée

🚀 Programmation orientée objet (OOP) en JavaScript

La programmation orientée objet (OOP) est un paradigme puissant qui permet d'organiser et de structurer votre code de manière **modulaire, réutilisable et évolutive**. Contrairement à la programmation fonctionnelle, l'OOP repose sur des **objets** qui possèdent des **propriétés** et des **méthodes**.

Dans ce chapitre, nous allons explorer :
■ **Pourquoi utiliser la POO en JavaScript**

■ **Les bases de l'OOP : objets, classes et instances**
■ **L'héritage et le polymorphisme**
■ **Les getters, setters et méthodes statiques**
■ **Les principes SOLID pour un code propre et maintenable**

[1] Pourquoi utiliser l'OOP en JavaScript ?

Bien que JavaScript soit un langage **multi-paradigme**, il supporte pleinement la **programmation orientée objet**. Ce style de programmation est particulièrement utile pour :

🎯 **Créer des applications évolutives** : chaque élément peut être développé et testé indépendamment.

🎯 **Réutiliser le code facilement** : éviter les duplications et simplifier la maintenance.

🎯 **Faciliter la collaboration** : un code bien structuré est plus compréhensible pour une équipe.

🎯 **Modéliser des concepts du monde réel** : avec des objets représentant des entités logiques.

---

[2] Définition des Objets en JavaScript

En JavaScript, tout est **objet** ou peut être représenté sous forme d'objet.

• **Déclaration d'un objet simple**

javascript

```
const utilisateur = {
    nom: "Alice",
    age: 25,
    direBonjour: function() {
```

```
        console.log(`Bonjour, je m'appelle ${this.nom}
!`);
    }
};

utilisateur.direBonjour();  //  Bonjour,  je  m'appelle
Alice !
```

🔧 Ici, `utilisateur` est un objet avec des **propriétés** (nom, age) et une **méthode** (direBonjour).

3 Les Classes en JavaScript

Depuis ECMAScript 6 (ES6), JavaScript permet de créer des classes avec le mot-clé   .

* **Définition d'une classe**

javascript

```
class Utilisateur {
    constructor(nom, age) {
        this.nom = nom;
        this.age = age;
    }

    direBonjour() {
        console.log(`Bonjour, je m'appelle ${this.nom}
et j'ai ${this.age} ans.`);
    }
}
```

```javascript
// Instanciation d'un objet à partir de la classe
const utilisateur1 = new Utilisateur("Alice", 25);
utilisateur1.direBonjour(); // Bonjour, je m'appelle
Alice et j'ai 25 ans.
```

📌 **Explications :**

- constructor(nom, age) est une **méthode spéciale** qui s'exécute automatiquement lors de la création d'un objet.
- this.nom et this.age stockent les valeurs dans l'objet.
- new Utilisateur("Alice", 25) permet de créer une **instance** de la classe Utilisateur.

4 L'Héritage en JavaScript

L'héritage permet à une classe d'hériter des propriétés et méthodes d'une autre classe, évitant ainsi la redondance du code.

◆ Création d'une sous-classe avec

javascript

```javascript
class Utilisateur {
    constructor(nom, age) {
        this.nom = nom;
        this.age = age;
    }

    direBonjour() {
        console.log(`Bonjour, je suis ${this.nom}.`);
    }
}
```

```javascript
// La classe Admin hérite de la classe Utilisateur
class Admin extends Utilisateur {
    constructor(nom, age, role) {
        super(nom, age); // Appel du constructeur de la
classe parent
        this.role = role;
    }

    afficherRole() {
        console.log(`Je suis un ${this.role}.`);
    }
}

const admin1 = new Admin("Bob", 30, "Administrateur");
admin1.direBonjour(); // Bonjour, je suis Bob.
admin1.afficherRole(); // Je suis un Administrateur.
```

📌 **Explications :**

- extends Utilisateur permet d'hériter des propriétés et méthodes de Utilisateur.
- super(nom, age) appelle le constructeur de la classe parent (Utilisateur).
- La méthode afficherRole() est propre à la classe Admin.

5 Le Polymorphisme : Redéfinir des méthodes

Le **polymorphisme** permet à une sous-classe de redéfinir une méthode héritée de la classe parent.

javascript

```
class Utilisateur {
    direBonjour() {
        console.log("Bonjour !");
    }
}

class Admin extends Utilisateur {
    direBonjour() {
        console.log("Bonjour, je suis un administrateur
!");
    }
}

const utilisateur = new Utilisateur();
const admin = new Admin();

utilisateur.direBonjour(); // Bonjour !
admin.direBonjour();    //    Bonjour,   je   suis   un
administrateur !
```

📌 **Explication :**

- Admin réécrit la méthode direBonjour() avec un comportement spécifique.
- Cela permet d'adapter l'affichage en fonction du type d'objet.

6 Getters, Setters et Méthodes Statiques

• **Les getters et setters**

Les **getters** permettent de récupérer des données, tandis que les **setters** permettent de les modifier en contrôlant leur accès.

javascript

```
class Utilisateur {
    constructor(nom) {
        this._nom = nom; // Convention : underscore (_)
pour les propriétés privées
    }

    get nom() {
        return this._nom.toUpperCase();
    }

    set nom(nouveauNom) {
        if (nouveauNom.length > 1) {
            this._nom = nouveauNom;
        } else {
            console.log("Le nom est trop court !");
        }
    }
}


const user = new Utilisateur("alice");
console.log(user.nom); // ALICE
user.nom = "A"; // Le nom est trop court !
user.nom = "Bob";
console.log(user.nom); // BOB
```

📌 **Explications :**

- `get nom()` retourne le nom en majuscules.
- `set nom(nouveauNom)` vérifie la longueur avant de modifier la valeur.

◆ Méthodes statiques

Une **méthode statique** appartient à la classe et non aux instances.

javascript

```javascript
class Utilitaire {
    static direBonjour() {
        console.log("Bonjour à tous !");
    }
}

Utilitaire.direBonjour(); // Bonjour à tous !
```

📌 Explication :

- `static` permet d'appeler `direBonjour()` sans créer d'objet.

7 Les principes SOLID en JavaScript

Les principes **SOLID** aident à structurer un code OOP propre et maintenable :

■ **S**ingle Responsibility Principle (SRP) : Une classe = une seule responsabilité

■ **O**pen/Closed Principle (OCP) : Une classe doit être **ouverte** à l'extension mais **fermée** à la modification

■ **L**iskov Substitution Principle (LSP) : Une classe enfant doit être interchangeable avec sa classe parent

■ Interface Segregation Principle (ISP) : Éviter les interfaces trop larges

■ **D**ependency Inversion Principle (DIP) : Les classes doivent dépendre d'abstractions plutôt que d'implémentations

🔍 Les Closures et le Scope en JavaScript

1 Introduction

En JavaScript, la gestion du **scope** (portée des variables) et des **closures** (fermetures) est essentielle pour comprendre comment fonctionnent les variables et les fonctions dans un programme.

Dans ce chapitre, nous allons voir :
■ **Le scope : global, local et lexical**
■ **Les closures et leur utilité**

■ **Des cas d'usage concrets des closures**
■ **Les pièges courants et comment les éviter**

2 Qu'est-ce que le Scope en JavaScript ?

Le **scope** détermine la visibilité et l'accessibilité des variables dans le code.

♦ Scope Global

Une variable déclarée en dehors d'une fonction est **globale** et accessible partout dans le script.

javascript

```
let message = "Bonjour !"; // Variable globale

function afficherMessage() {
        console.log(message); // Accès à la variable
globale
}

afficherMessage(); // Bonjour !
```

▲ **Attention !** Trop de variables globales peuvent polluer l'espace mémoire et causer des conflits entre scripts.

♦ Scope Local (Fonction et Bloc)

Une variable déclarée à l'intérieur d'une fonction n'est accessible qu'à l'intérieur de cette fonction.

javascript

```
function direBonjour() {
    let nom = "Alice"; // Variable locale
    console.log(`Bonjour, ${nom} !`);
}

direBonjour(); // Bonjour, Alice !
console.log(nom); // ✘ Erreur : nom n'est pas défini
en dehors de la fonction
```

- Les variables déclarées avec *let* et *const* dans un bloc ({}) sont aussi limitées à ce bloc :

javascript

```
if (true) {
    let age = 25;
    console.log(age); // 25
}
console.log(age); // ✘ Erreur : age n'existe pas en
dehors du bloc
```

- **Scope Lexical (ou Chaînage de Scope)**

Le **scope lexical** signifie qu'une fonction a accès aux variables de son **environnement parent**.

javascript

```
function parent() {
    let a = 10;

    function enfant() {
```

```
        console.log(a); // ▓ Accès à 'a' depuis
l'intérieur de la fonction enfant
    }

    enfant();
}

parent(); // 10
```

📌 **Explication** :

- La fonction `enfant()` peut utiliser a même si a n'est pas défini à l'intérieur de `enfant()`, car elle **hérite du scope de son parent** (`parent()`).

③ Les Closures : Qu'est-ce que c'est ?

Une **closure** (fermeture) est une fonction qui "capture" les variables de son **scope parent** et les retient en mémoire, même après que la fonction parente ait terminé son exécution.

✦ Exemple simple de closure

javascript

```javascript
function createCounter() {
    let count = 0; // Variable locale "capturée"

    return function () {
        count++;
        console.log(count);
    };
}
```

```
const increment = createCounter();

increment(); // 1
increment(); // 2
increment(); // 3
```

📌 **Explication** :

- `createCounter()` retourne une **fonction anonyme** qui **retient l'accès à la variable count**, même après que `createCounter()` ait fini son exécution.
- `count` n'est pas accessible depuis l'extérieur, mais il est **retenu en mémoire** par la closure.

4 Pourquoi utiliser les Closures ?

Les closures sont puissantes et utiles pour plusieurs raisons :

■ **Créer des variables privées** : Empêcher l'accès direct aux variables sensibles.

■ **Gérer l'état d'une fonction** : Exemple, un compteur qui garde sa valeur.

■ **Optimiser l'usage mémoire** : En stockant uniquement ce qui est nécessaire.

◆ 1. Utilisation des Closures pour les Variables Privées

JavaScript ne supporte pas **directement** les variables privées comme en Java ou C++, mais on peut utiliser une closure pour masquer une variable.

javascript

```
function banque() {
```

```javascript
    let solde = 1000; // Variable privée

    return {
        afficherSolde: function() {
            console.log(`Solde: ${solde}€`);
        },
        deposer: function(montant) {
            solde += montant;
            console.log(`Déposé: ${montant}€. Nouveau
solde: ${solde}€`);
        },
        retirer: function(montant) {
            if (montant > solde) {
                console.log("Fonds insuffisants !");
            } else {
                solde -= montant;
                    console.log(`Retiré: ${montant}€.
Nouveau solde: ${solde}€`);
            }
        }
    };
}

const compte = banque();
compte.afficherSolde(); // Solde: 1000€
compte.deposer(500);  // Déposé: 500€. Nouveau solde:
1500€
compte.retirer(2000); // Fonds insuffisants !
console.log(compte.solde); // ✗ Erreur : solde n'est
pas accessible
```

🖋 Ici, solde est une **variable privée** car elle **n'est pas exposée à l'extérieur** de la fonction banque().

◆ 2. Création de Fonctions Réutilisables

Les closures permettent de générer des **fonctions configurables** dynamiquement.

javascript

```javascript
function createMultiplier(multiplier) {
    return function (nombre) {
        return nombre * multiplier;
    };
}

const doubler = createMultiplier(2);
const tripler = createMultiplier(3);

console.log(doubler(5)); // 10
console.log(tripler(5)); // 15
```

📌 **Explication** :

- createMultiplier(2) retourne une fonction qui **retient** multiplier = 2 et l'utilise chaque fois qu'elle est appelée.
- On peut créer **plusieurs fonctions spécialisées** (doubler, tripler, etc.).

5 Erreurs Courantes avec les Closures et le Scope

◆ Erreur : Mauvaise gestion du scope dans une boucle

javascript

```javascript
for (var i = 1; i <= 3; i++) {
    setTimeout(() => {
        console.log(i);
    }, 1000);
}

// Résultat après 1 seconde :
// 4
// 4
// 4
```

📌 Pourquoi ?

- var a un **scope global**, donc quand la fonction dans setTimeout s'exécute, i vaut déjà **4**.

■ **Solution : Utiliser `let`** pour avoir un scope de bloc

javascript

```javascript
for (let i = 1; i <= 3; i++) {
    setTimeout(() => {
        console.log(i);
    }, 1000);
}

// Résultat après 1 seconde :
// 1
// 2
// 3
```

javascript

```javascript
for (var i = 1; i <= 3; i++) {
    (function(i) {
        setTimeout(() => {
            console.log(i);
        }, 1000);
    })(i);
}
```

Ici, la closure capture i à chaque itération et **le garde en mémoire**.

● Les Modules et l'Organisation du Code en JavaScript

1 Introduction

Au fur et à mesure que nos projets JavaScript grandissent, organiser son code devient **crucial**. Un fichier unique rempli de fonctions et de variables devient rapidement ingérable. C'est là que les **modules** entrent en jeu !

Dans ce chapitre, nous allons voir :
■ Pourquoi utiliser des **modules** ?

119

■ Comment créer et utiliser des modules en JavaScript ?
■ Les **différents types de modules** : ES Modules (import/export) et CommonJS
■ Bonnes pratiques pour une **organisation efficace** du code

2 Pourquoi utiliser des modules ?

Les **modules JavaScript** permettent de diviser le code en fichiers **réutilisables** et **clairs**. Ils offrent plusieurs avantages :

■ **Meilleure lisibilité** : On sépare les fonctionnalités en fichiers dédiés.
■ **Réutilisabilité** : Un module peut être utilisé dans plusieurs projets sans duplication.
■ **Encapsulation** : Chaque module garde son propre **scope** pour éviter les conflits de variables.
■ **Chargement efficace** : Le navigateur charge uniquement les fichiers nécessaires, optimisant la performance.

📌 **Exemple d'un projet mal organisé (sans modules)**

javascript

```javascript
// Un seul fichier main.js rempli de code
const users = ["Alice", "Bob", "Charlie"];

function addUser(name) {
    users.push(name);
    console.log(`${name} ajouté !`);
}

function removeUser(name) {
    const index = users.indexOf(name);
    if (index !== -1) {
        users.splice(index, 1);
```

```
        console.log(`${name} supprimé !`);
    }
}
```

👉 Si le projet grandit, ce fichier devient vite **difficile à gérer**. Il est préférable de **séparer** ces fonctionnalités dans des modules.

③ Les ES Modules (import/export)

Les **ES Modules** sont la manière moderne et standardisée d'organiser le code JavaScript. Ils utilisent les mots-clés import et export.

◆ 1. Exporter un module

On peut exporter des variables, fonctions ou classes depuis un fichier .js.

📌 **Création d'un fichier**

javascript

```
// users.js
const users = ["Alice", "Bob", "Charlie"];

function addUser(name) {
    users.push(name);
    console.log(`${name} ajouté !`);
}

function removeUser(name) {
    const index = users.indexOf(name);
    if (index !== -1) {
        users.splice(index, 1);
```

```
      console.log(`${name} supprimé !`);
   }
}

// Export des fonctions et de la variable
export { users, addUser, removeUser };
```

◆ 2. Importer le module dans un autre fichier

📌 **Dans `main.js`**, on importe uniquement ce dont on a besoin.

javascript

```
// main.js
import { users, addUser, removeUser } from
"./users.js";

console.log(users); // ["Alice", "Bob", "Charlie"]
addUser("David"); // David ajouté !
removeUser("Alice"); // Alice supprimé !
```

💡 **Astuce** : On peut aussi importer **tout un module** sous un **alias** :

javascript

```
import * as userModule from "./users.js";

console.log(userModule.users);
userModule.addUser("Eve");
```

◆ 3. Export par défaut

On peut exporter un élément **par défaut** (une seule valeur par module).

📌 **Dans**

javascript

```javascript
export default function addition(a, b) {
    return a + b;
}
```

📌 **Dans**   , on l'importe sans   :

javascript

```javascript
import add from "./math.js";

console.log(add(2, 3)); // 5
```

👉 L'export par défaut est pratique pour les **modules qui exportent une seule fonction ou classe principale**.

[4] CommonJS : Les Modules en Node.js

En **Node.js**, on utilise un autre système de modules basé sur
et module.exports.

📌 **Exemple d'un module avec CommonJS** (math.js)

javascript

```javascript
// math.js
function addition(a, b) {
    return a + b;
```

```
}
```

```
// Export avec CommonJS
module.exports = addition;
```

📌 **Importation avec `require()`**

javascript

```
const add = require("./math.js");

console.log(add(5, 10)); // 15
```

⚠️ **CommonJS ne fonctionne pas dans le navigateur** sans transpilation avec Webpack ou Babel.

5 Organisation d'un Projet avec des Modules

Un bon projet doit être **bien structuré**. Voici un exemple :

bash

```
/mon-projet
|── /src
|    ├── /modules
|    |    ├── users.js
|    |    ├── products.js
|    ├── main.js
|── index.html
```

📌 **Exemple d'une organisation modulaire :**

1️⃣ Fichier

javascript

```javascript
export const users = ["Alice", "Bob", "Charlie"];

export function addUser(name) {
    users.push(name);
}
```

2️⃣ Fichier products.js

javascript

3️⃣ Fichier main.js

javascript

```javascript
import { users, addUser } from "./modules/users.js";
import { products } from "./modules/products.js";

console.log(users); // ["Alice", "Bob", "Charlie"]
console.log(products);  //  ["Ordinateur",  "Souris",
"Clavier"]
addUser("David");
```

💡 **Cette structure permet de garder un code propre, modulaire et facilement évolutif.**

6 Bonnes Pratiques pour les Modules

■ **Découper par fonctionnalités** : Un module = une responsabilité précise.

■ **Utiliser des noms explicites** : `users.js`, `products.js`, etc.

■ **Éviter les dépendances circulaires** : Un module ne doit pas dépendre de lui-même.

■ **Utiliser `export default` avec parcimonie** : Pour éviter les erreurs d'import.

■ **Préférer ES Modules (`import/export`)** sauf si vous êtes en Node.js.

⚒ Chapitre 6 : Les Frameworks et Bibliothèques

🚀 Introduction à React, Vue et Angular

Le JavaScript moderne ne se limite pas au simple développement de scripts pour manipuler le DOM. Aujourd'hui, les applications web sont **complexes, dynamiques et interactives**, nécessitant des outils robustes pour les gérer efficacement. C'est là qu'interviennent les **frameworks et bibliothèques** comme **React, Vue et Angular**.

Dans ce chapitre, nous allons voir :
■ Pourquoi utiliser un framework ou une bibliothèque ?
■ Quelle est la différence entre une bibliothèque et un framework ?

⬛1 Pourquoi utiliser un framework ou une bibliothèque ?

Imaginez que vous construisez une maison :

- **Sans outils**, vous devez tout faire à la main, clouer, visser, mesurer... c'est long et complexe.
- **Avec les bons outils**, tout devient plus rapide et efficace.

Les frameworks et bibliothèques JavaScript sont ces **outils** qui facilitent la construction d'applications web modernes en offrant :
✔ Une **meilleure structure du code**
✔ Une **gestion efficace du DOM**
✔ Une **interactivité fluide et performante**
✔ Une **réutilisation du code** grâce aux **composants**

💡 Avant leur arrivée, on devait **manuellement** manipuler le DOM avec document.querySelector() et addEventListener(). Avec ces outils, tout devient plus fluide et organisé !

⬛2 Bibliothèque vs Framework : Quelle différence ?

📌 Une **bibliothèque** est un ensemble de fonctions **réutilisables**. Elle nous aide à accomplir des tâches spécifiques **sans imposer une structure**.

👉 **Exemple : React** est une bibliothèque qui gère uniquement l'interface utilisateur (UI).

📌 **Un framework**, en revanche, est un **cadre de travail** qui impose une **structure stricte**. Il gère **tout** : le rendu, la logique, et parfois même les requêtes HTTP.

👉 **Exemple : Angular** est un framework complet qui impose une architecture **MVC (Modèle-Vue-Contrôleur)**.

💡 **Vue.js** est un cas hybride : c'est une bibliothèque qui peut être utilisée **comme un framework** lorsqu'on exploite toutes ses fonctionnalités.

③ Introduction aux 3 géants : React, Vue et Angular

■ React.js : La bibliothèque la plus populaire

React est développé par **Facebook (Meta)** et est largement utilisé dans les applications modernes comme **Instagram, Airbnb et WhatsApp Web**.

■ Points forts :

- 📌 **Basé sur les composants** : chaque élément de l'UI est une **brique réutilisable**.
- ⚡ **Virtual DOM** : React optimise les mises à jour du DOM pour de meilleures performances.
- ● **Énorme communauté** : des milliers de packages et de tutoriels disponibles.
- ■ **Unidirectionnel** : les données circulent dans un seul sens, rendant l'application plus prévisible.

■ Exemple simple avec React :

jsx

```
import React from "react";

function Welcome(props) {
```

128

```
return <h1>Bonjour, {props.name} !</h1>;
}

export default Welcome;
```

📌 **Idéal pour :** les applications web dynamiques et performantes.

■ Vue.js : Le framework simple et efficace

Vue.js, développé par **Evan You**, est souvent considéré comme le **meilleur compromis entre React et Angular**.

■ Points forts :

- ● **Facile à apprendre** : une courbe d'apprentissage plus douce que React et Angular.
- ■ **Réactivité native** : tout changement de donnée met automatiquement à jour l'UI.
- 🏗 **Peut être utilisé en bibliothèque ou en framework**.

■ Exemple simple avec Vue.js :

html

```
<div id="app">
  <h1>{{ message }}</h1>
</div>

<script>
  const app = Vue.createApp({
    data() {
      return {
        message: "Bonjour Vue.js !"
      };
```

```
    }
  });

  app.mount("#app");
</script>
```

📌 **Idéal pour** : les développeurs débutants ou les projets nécessitant une grande **flexibilité**.

◼ Angular : Le framework puissant et structuré

Développé par **Google**, Angular est un **framework complet** basé sur **TypeScript**. Il est utilisé par des grandes entreprises comme **Google, Microsoft et IBM**.

◼ **Points forts :**

* 🏛 **Architecture MVC** : idéal pour les **grands projets** avec une structure stricte.
* ✈ **Performant** grâce à la compilation **Ahead-of-Time (AOT)**.
* 🔗 **Intégré avec RxJS** pour gérer des **données en temps réel**.

◼ **Exemple simple avec Angular :**

typescript

```
@Component({
  selector: 'app-hello',
  template: `<h1>Bonjour Angular !</h1>`
})
export class HelloComponent { }
```

📌 **Idéal pour** : les **applications complexes** qui nécessitent une structure solide et bien définie.

④ React vs Vue vs Angular : Lequel choisir ?

🔧 Critère	■ React	■ Vue.js	■ Angular
Type	Bibliothèque UI	Framework progressif	Framework complet
Langage	JavaScript	JavaScript	TypeScript
Facilité d'apprentissage	★★★	★★★★	★★
Performance	★★★★	★★★★	★★★★
Utilisation	Web & Mobile (React Native)	Web	Web, Mobile (Ionic)
Idéal pour	Applications dynamiques	Projets flexibles	Applications d'entreprise

📍 En résumé :

✔ **React** : Parfait pour ceux qui veulent **du contrôle et de la performance**.

✔ **Vue.js** : Idéal pour les **débutants et les projets flexibles**.

✔ **Angular** : Le meilleur choix pour les **applications complexes d'entreprise**.

Quand utiliser un framework ?

Les frameworks JavaScript comme **React, Vue et Angular** sont puissants, mais faut-il toujours les utiliser ? ● La réponse est **non** ! Avant d'adopter un framework, il est crucial d'évaluer **le type de projet, la complexité et les besoins en interactivité**.

Dans ce chapitre, nous allons voir :
■ Les situations où un framework est indispensable
■ Les cas où JavaScript natif suffit
■ Comment choisir le bon framework selon le projet

1 Pourquoi ne pas toujours utiliser un framework ?

Un framework **apporte de la structure**, mais il introduit aussi des **contraintes et du poids**.

🔔 **Problèmes d'un framework quand il est mal utilisé :**
✗ **Temps d'apprentissage** : chaque framework a ses propres concepts (React Hooks, Vue Directives, Angular Services).
✗ **Poids supplémentaire** : Vue et React pèsent environ **30 à 40 Ko**, Angular dépasse **100 Ko**.
✗ **Complexité inutile** : Pour un site vitrine ou une simple page dynamique, un framework est souvent **trop lourd**.

❗ Avant d'utiliser un framework, posez-vous la question :
👉 **JavaScript natif peut-il suffire ?**

2 Quand un framework est indispensable ?

📌 **1. Votre projet est complexe et évolutif**

Si votre application contient **beaucoup d'interactions**, de **données dynamiques** et qu'elle est amenée à **évoluer**, un framework devient **nécessaire**.

♦ **Exemples de projets adaptés aux frameworks :**
✔ Un **tableau de bord dynamique** (ex : Google Analytics)
✔ Une **application de gestion** (ex : Trello, Jira)
✔ Une **progressive web app (PWA)** (ex : Twitter Lite)

◆ **Pourquoi ?**
■ Gestion simplifiée du **DOM**
■ Composants **réutilisables**
■ Architecture **scalable**

Exemple : Une application avec des milliers d'éléments dynamiques
Si vous manipulez **1000 éléments HTML** avec JavaScript natif, chaque mise à jour du DOM peut être **très lente**.
Avec **React (Virtual DOM)** ou **Vue (Reactivity)**, seules les parties modifiées sont mises à jour, ce qui booste les performances.

📌 2. Votre équipe est nombreuse

Si plusieurs développeurs travaillent sur le même projet, **un framework impose une structure** et des **règles claires**, évitant ainsi le chaos.

✔ **Exemple** : Une entreprise qui développe une application web collaborative comme **Slack ou Notion** doit garantir **une architecture maintenable** sur plusieurs années.
✔ **Avec Angular**, chaque développeur sait où trouver les **services**, **composants** et **routes**, ce qui facilite la collaboration.

👉 Si votre projet est **géré par une seule personne** et reste **modeste**, un framework n'est pas indispensable.

📌 3. Vous avez besoin d'un rendu en temps réel

Si votre application doit **afficher des données en direct** sans recharger la page, un framework est recommandé.

◆ **Exemples :**
✔ Un chat en ligne (ex : Messenger, Discord)
✔ Un **système de notifications** en direct
✔ Un **dashboard de trading**

👉 **Pourquoi React, Vue ou Angular ?**
■ Gestion optimisée des mises à jour **(sans rafraîchir toute la page)**
■ Intégration **facile des WebSockets et APIs en temps réel**

📌 4. Votre projet doit être multiplateforme

Si vous souhaitez **développer à la fois une application web et une application mobile**, certains frameworks facilitent le processus.

* **Exemples :**
✔ **React Native** permet de créer des applications mobiles avec **React**.
✔ **Ionic + Angular** permet de faire des applications mobiles **avec un seul code base**.

👍 Idéal pour :
◼ Startups cherchant à sortir rapidement **une app mobile et web**
◼ Applications **e-commerce** ayant une version mobile native

③ Quand éviter d'utiliser un framework ?

📌 1. Votre site est statique
Si votre projet est un **site vitrine, un blog ou une landing page**, JavaScript natif ou des outils comme **HTML/CSS et un peu de JS** suffisent.

* **Exemples où un framework est inutile :**
✔ Un simple **portfolio**
✔ Une **page de présentation** d'une entreprise
✔ Un **blog personnel**

👍 Alternatives :
◼ **Tailwind CSS + Alpine.js** pour une interactivité légère
◼ **Astro ou Eleventy** pour un site **rapide et statique**

📌 2. Vous faites une petite application interne
Si vous développez une **petite interface interne** (ex : une calculatrice ou un formulaire interactif), JavaScript natif suffit.

👍 Pourquoi ne pas utiliser un framework ?
✗ **Temps de mise en place** trop long pour un petit projet
✗ **Complexité inutile**

💡 Utilisez plutôt Vanilla JS avec des Web Components.

🚀 **3. Vous voulez un site ultra-performant et léger**
Les frameworks ajoutent du **poids** et peuvent ralentir le temps de chargement.

✔ Si votre priorité est la **vitesse**, un site **statique généré avec Astro ou Hugo** est une meilleure option.

✔ Si vous avez juste besoin d'un peu d'interactivité, **HTMX ou Alpine.js** sont des solutions ultra-légères.

🚀 Construire un projet avec un framework moderne

Les frameworks modernes comme **React, Vue et Angular** permettent de développer des **applications web puissantes, maintenables et évolutives**. Mais comment bien structurer un projet avec ces outils ? 🧐

Dans ce chapitre, nous allons voir :
■ Les étapes essentielles pour construire un projet **solide et performant**
■ Les **bonnes pratiques** à adopter
■ Un **exemple concret** de projet

1 Choisir le bon framework selon le projet

Avant de commencer, il faut choisir **le bon framework** en fonction des besoins du projet.

🔍 Critère	■ React	■ Vue.js	■ Angular
Facilité d'apprentissage	★★★	★★★★	★★

Performance	★★★★	★★★★	★★★★
Taille du projet	Moyen à grand	Petit à moyen	Grand
Structure imposée	Libre	Libre/modérée	Strict
Entreprise vs Startup	Startup & Entreprise	Startup & Indépendant	Grande entreprise

📍 **Exemple de choix :**

- Un **tableau de bord interactif** ? 👉 **React**
- Un **projet rapide et léger** ? 👉 **Vue.js**
- Une **grosse application avec plusieurs équipes** ? 👉 **Angular**

2 Préparer l'environnement de développement

Une fois le framework choisi, voici les outils essentiels :

⚒️ Outils recommandés

📌 **Node.js & npm (ou yarn)** → Pour gérer les dépendances
📌 **Un éditeur de code** → VS Code recommandé
📌 **Git & GitHub/GitLab** → Pour versionner le code
📌 **Un gestionnaire de paquets** (npm, yarn ou pnpm)

📍 **Installation rapide :**

sh

```
# Installer Node.js (avec npm inclus)
https://nodejs.org/
```

```
# Vérifier l'installation
node -v
npm -v
```

3 Initialiser le projet

Voici comment démarrer un projet avec **React, Vue ou Angular** 👇

■ Créer un projet React
sh

```
npx create-react-app my-app
cd my-app
npm start
```

■ Créer un projet Vue.js
sh

```
npm create vue@latest
cd my-app
npm install
npm run dev
```

■ Créer un projet Angular
sh

```
npm install -g @angular/cli
ng new my-app
cd my-app
ng serve
```

137

📌 **Le projet est maintenant prêt !** 🎉

4 Structurer son projet

Une bonne structure de projet facilite la maintenance et la collaboration.

■ Exemple d'arborescence typique (React/Vue/Angular)

perl

```
📁 my-app
 ├ 📁 src
 |  ├ 📁 components    # Composants réutilisables
 |  ├ 📁 pages         # Pages principales
 |  ├ 📁 assets        # Images, styles
 |  ├ 📁 utils         # Fonctions utilitaires
 |  ├ 📄 main.js                   # Point d'entrée de
l'application
 |  └ 📄 App.vue / App.jsx  # Composant principal
 ├ 📄 package.json     # Dépendances du projet
 ├ 📄 README.md        # Documentation du projet
 └ 📄 .gitignore       # Fichiers à ignorer dans Git
```

📍 **Bonnes pratiques :**
✔ Découper son code en composants réutilisables
✔ Utiliser un routeur (React Router, Vue Router, Angular Router)
✔ Centraliser les données (ex : Redux, Vuex, Angular Services)

5 Ajouter des fonctionnalités

📌 Routing : Naviguer entre les pages

➡ React (React Router)

jsx

```jsx
import { BrowserRouter, Route, Routes } from
"react-router-dom";
import Home from "./pages/Home";
import About from "./pages/About";

function App() {
  return (
    <BrowserRouter>
      <Routes>
        <Route path="/" element={<Home />} />
        <Route path="/about" element={<About />} />
      </Routes>
    </BrowserRouter>
  );
}

export default App;
```

➡ Vue (Vue Router)

javascript

```javascript
import { createRouter, createWebHistory } from
'vue-router';
import Home from '../pages/Home.vue';
import About from '../pages/About.vue';

const routes = [
  { path: '/', component: Home },
```

```
  { path: '/about', component: About }
];

const router = createRouter({
  history: createWebHistory(),
  routes
});

export default router;
```

➡ Angular (Angular Router)

typescript

```typescript
const routes: Routes = [
  { path: '', component: HomeComponent },
  { path: 'about', component: AboutComponent }
];

@NgModule({
  imports: [RouterModule.forRoot(routes)],
  exports: [RouterModule]
})
export class AppRoutingModule { }
```

📌 State Management : Gérer les données

Pour des applications complexes, il est recommandé d'utiliser un **gestionnaire d'état** :

- **React** → Redux, Zustand
- **Vue** → Pinia, Vuex
- **Angular** → Services & RxJS

💡 Exemple simple avec Vue (Pinia)

javascript

```javascript
import { defineStore } from "pinia";

export const useUserStore = defineStore("user", {
  state: () => ({
    name: "Alice",
    isLoggedIn: false
  }),
  actions: {
    login() {
      this.isLoggedIn = true;
    }
  }
});
```

6 Tester et optimiser le projet

■ Tester son application

Un projet **solide** doit être testé avant d'être déployé.

✔ **Tests unitaires** → Jest (React), Vitest (Vue), Jasmine (Angular)
✔ **Tests fonctionnels** → Cypress, Playwright

📌 Exemple de test avec Jest (React)

jsx

```jsx
import { render, screen } from
"@testing-library/react";
import App from "./App";
```

```
test("Affiche le texte Hello World", () => {
  render(<App />);
                        expect(screen.getByText(/Hello
World/i)).toBeInTheDocument();
});
```

7 Déployer l'application

Une fois le projet terminé, il faut le **déployer en production !** 🚀

Déploiement simple :

➡ **GitHub Pages** (React/Vue)

sh

```
npm run build
npm install -g gh-pages
gh-pages -d build
```

➡ **Vercel / Netlify** (très simple)

- Créez un compte sur Vercel ou Netlify
- Connectez votre **repo GitHub**
- **Déploiement automatique** après chaque push

➡ **Déploiement sur un serveur (Apache, Nginx, etc.)**

sh

```
npm run build
scp -r dist/ user@server:/var/www/html/
```

sh

```
ng deploy --hosting firebase
```

🚀 Chapitre 7 : Performance et Optimisation

Comprendre le fonctionnement du moteur JavaScript

JavaScript est un langage interprété qui repose sur un moteur d'exécution spécifique pour fonctionner. Mais comment ce moteur transforme-t-il notre code en instructions compréhensibles par la machine ? 🔵

Dans ce chapitre, nous allons découvrir :
■ Comment fonctionne un moteur JavaScript (V8, SpiderMonkey, JavaScriptCore…)
■ Le processus d'exécution du code : **Parsing** → **Compilation** → **Exécution**
■ Les optimisations utilisées par ces moteurs pour accélérer le code
■ Comment écrire du **JavaScript performant**

1 Les moteurs JavaScript : les coulisses de l'exécution

Un moteur JavaScript est un **programme intégré dans les navigateurs** et dans certains environnements serveurs (Node.js) pour exécuter du code JavaScript.

🔍 **Les moteurs JavaScript les plus connus :**

🖥 Moteur	⬤ Navigateur/Plateforme
V8	Chrome, Edge, Node.js
SpiderMonkey	Firefox
JavaScriptCore	Safari
Chakra	Ancien moteur d'Internet Explorer

📍 **Google Chrome et Node.js utilisent V8**, un moteur ultra-performant qui compile le code JavaScript en **code machine** pour accélérer l'exécution.

2 Le cycle d'exécution du code JavaScript

Le moteur JavaScript suit plusieurs étapes pour exécuter du code 📍

+ **Étape 1 : Parsing (Analyse syntaxique)**

- Le moteur **lit** le code JavaScript et le **convertit en un arbre syntaxique** appelé **AST (Abstract Syntax Tree)**.
- Si une erreur de syntaxe est détectée ✗ → **Le programme s'arrête immédiatement**.

💡 **Exemple de conversion en AST :**

```
const x = 10 + 20;
```

🔍 L'AST pourrait ressembler à ceci :

scss

```
├── Identifier (x)
├── NumberLiteral (10)
├── NumberLiteral (20)
```

✦ Étape 2 : Compilation Just-In-Time (JIT Compilation)

Contrairement à des langages compilés comme **C++ ou Java**, JavaScript est **interprété et compilé dynamiquement** via un processus JIT (Just-In-Time).

- **Ignition** (Interpréteur) : Traduit l'AST en **bytecode** (une représentation intermédiaire).
- **TurboFan** (Optimiseur) : Optimise et transforme le bytecode en **code machine natif** pour accélérer l'exécution.

💡 **Grâce au JIT, JavaScript est bien plus rapide** qu'un langage purement interprété.

✦ Étape 3 : Exécution et optimisations

Le moteur exécute le code machine généré. Il effectue des optimisations dynamiques pour booster les performances :

✔ **Inline Caching** → Stocke les résultats des appels de fonctions pour accélérer l'exécution.
✔ **Dead Code Elimination** → Supprime le code inutile.
✔ **Hidden Classes & Shape Optimizations** → Optimise la gestion des objets en regroupant des propriétés similaires.

③ La gestion de la mémoire en JavaScript

JavaScript utilise un système de **Garbage Collection** (GC) pour gérer la mémoire.

📍 **Mais attention !** Une mauvaise gestion de la mémoire peut entraîner des **fuites de mémoire** et ralentir votre application.

Comment fonctionne le Garbage Collector (GC) ?

1. **Allocation de mémoire** : Lorsqu'un objet est créé, il est stocké en mémoire.
2. **Détection des objets inutilisés** : Le moteur détecte les objets qui ne sont plus utilisés.
3. **Libération de mémoire (Garbage Collection)** : Le moteur libère automatiquement la mémoire.

🔍 **Exemple d'un problème de fuite mémoire :**

```
let cache = {};
function saveData(key, value) {
    cache[key] = value; // 🔴 L'objet reste en mémoire
même s'il n'est plus utilisé !
}
```

Solution : Nettoyer manuellement la mémoire

```
function clearCache() {
  cache = null; // 🔥 Libère la mémoire
}
```

[4] Écrire du JavaScript plus performant

🏹 **Optimiser son code permet d'améliorer la rapidité et l'efficacité de son application.**

◆ 1. Minimiser les accès au DOM

Manipuler le DOM est coûteux en performance.
Optimisation : Modifier le DOM une seule fois au lieu de plusieurs appels successifs.

❌ Mauvaise pratique :

```
const list = document.getElementById("list");
for (let i = 0; i < 1000; i++) {
  const li = document.createElement("li");
  li.textContent = `Élément ${i}`;
  list.appendChild(li); // ⚠️ Mauvais : manipulation
DOM répétée !
}
```

Bonne pratique : Utilisation d'un **fragment** pour limiter les accès DOM.

```
const list = document.getElementById("list");
const fragment = document.createDocumentFragment();
```

```
for (let i = 0; i < 1000; i++) {
  const li = document.createElement("li");
  li.textContent = `Élément ${i}`;
      fragment.appendChild(li);  //  Stockage  dans  un
fragment
}

list.appendChild(fragment); // ▓ Un seul accès au DOM
!
```

◆ 2. Utiliser des boucles optimisées

✈ **Les boucles** sont plus rapides que `forEach` sur de gros
volumes de données.

```
const array = new Array(1000000).fill(0);

console.time("for");
for (let i = 0; i < array.length; i++) {
  array[i] += 1;
}
console.timeEnd("for");

console.time("forEach");
array.forEach((_, i) => (array[i] += 1));
console.timeEnd("forEach");
```

📌 Résultat : `for` est **beaucoup plus rapide** que `forEach`.

◆ 3. Éviter les variables inutiles

Chaque variable consomme de la mémoire, il est donc important de ne pas en créer inutilement.

✖ Mauvaise pratique :

```
const data = fetchData();
const result = processData(data);
displayResult(result);
```

■ Bonne pratique (chaining) :

```
displayResult(processData(fetchData()));
```

▲ Éviter les pièges courants en JavaScript

JavaScript est un langage puissant et flexible, mais il contient aussi de nombreux pièges qui peuvent entraîner des bugs, des problèmes de performance ou des comportements inattendus. Dans ce chapitre, nous allons voir **les erreurs les plus fréquentes** et comment les éviter pour écrire un code plus robuste et performant.

1 Problèmes liés aux variables et au scope

* **Ne pas déclarer une variable avec** (Utiliser let et const)

Historiquement, JavaScript utilisait pour déclarer des variables. Cependant, var a un **scope fonctionnel**, ce qui peut causer des comportements imprévisibles.

✗ **Mauvaise pratique** (problème de hoisting) :

```
console.log(name); // ✗ undefined (au lieu d'une erreur)
var name = "Alice";
```

📌 **Explication** : Avec var, la variable est "hoistée" en haut du scope et est initialisée avec undefined.

🟦 **Bonne pratique** (Utiliser let ou const) :

```
console.log(name);  // ✖  ReferenceError  (meilleur
comportement)
let name = "Alice";
```

✔ **let** : Permet de modifier la variable.
✔ **const** : Empêche la réaffectation.

◆ **Comprendre le scope des variables**

Le **scope** détermine où une variable est accessible.

✖ **Mauvaise pratique** :

```
if (true) {
    var message = "Bonjour"; // Déclarée avec `var`,
accessible en dehors du bloc
}
console.log(message); // 🟦 Affiche "Bonjour" (mais ce
n'est pas ce qu'on veut)
```

🟦 **Bonne pratique** (Utiliser let ou const) :

```
if (true) {
  let message = "Bonjour";
}
```

151

```
console.log(message); // ✖ ReferenceError (ce qui est
logique)
```

2 Problèmes avec les comparaisons (== vs ===)

• Toujours utiliser === au lieu de ==

L'opérateur   effectue une conversion de type implicite, ce qui peut mener à des comportements inattendus.

✖ **Mauvaise pratique** (Comparaison avec ==) :

```
console.log(0 == false);  // ■ true (dangereux)
console.log("" == false); // ■ true (dangereux)
console.log(null == undefined); // ■ true (mais ce
sont des types différents)
```

■ **Bonne pratique** (Utiliser ===) :

```
console.log(0 === false);   // ✖ false (ce qui est
correct)
console.log("" === false); // ✖ false
console.log(null === undefined); // ✖ false
```

📌 **Règle simple : toujours utiliser === pour éviter des bugs difficiles à détecter.**

3 Erreurs avec les fonctions et le mot-clé

• **Mauvaise gestion de this**

Le mot-clé this peut pointer vers différents objets selon le contexte d'exécution.

✗ **Mauvaise pratique** (Perte de this dans une fonction callback) :

```
const user = {
  name: "Alice",
  greet() {
    setTimeout(function () {
      console.log(`Bonjour, je suis ${this.name}`); //
✗ `this` est `undefined` ici
    }, 1000);
  },
};

user.greet(); // Bonjour, je suis undefined
```

■ **Bonne pratique** (Utiliser une fonction fléchée) :

```
const user = {
  name: "Alice",
  greet() {
    setTimeout(() => {
      console.log(`Bonjour, je suis ${this.name}`); //
■ `this` reste lié à `user`
    }, 1000);
  },
```

```
};

user.greet(); // Bonjour, je suis Alice
```

📌 **Astuce** : Les **fonctions fléchées ne créent pas leur propre this**, elles héritent du `this` de leur parent.

4 Mauvaise gestion des tableaux et objets

◆ Modifier un tableau sans précaution

Les méthodes comme `.sort()` ou `.reverse()` **modifient directement** le tableau, ce qui peut entraîner des effets de bord indésirables.

✖ **Mauvaise pratique** :

```
const numbers = [3, 1, 4, 2];
numbers.sort();
console.log(numbers);   // ⚠️   Modifie   le   tableau
d'origine !
```

⬛ **Bonne pratique** (Créer une copie avant de modifier) :

```
const numbers = [3, 1, 4, 2];
const sortedNumbers = [...numbers].sort(); // ⬛ Copie
du tableau
console.log(numbers); // [3, 1, 4, 2] (resté intact)
```

◆ Confondre map() et forEach()

- .map() crée un **nouveau tableau**.
- .forEach() ne retourne rien.

✗ **Mauvaise pratique** (Utiliser forEach pour transformer un tableau) :

```
const numbers = [1, 2, 3];
const doubled = numbers.forEach(n => n * 2);
console.log(doubled); // ✗ undefined
```

■ **Bonne pratique** (Utiliser .map()) :

```
const numbers = [1, 2, 3];
const doubled = numbers.map(n => n * 2);
console.log(doubled); // ■ [2, 4, 6]
```

⑤ Gestion des erreurs et des promesses

◆ Oublier de gérer les erreurs des promesses

Lorsqu'on utilise fetch() ou d'autres fonctions asynchrones, il est essentiel de gérer les erreurs.

✗ **Mauvaise pratique** :

```
fetch("https://api.example.com/data")
    .then(response => response.json()) // ✗ Peut
échouer si la réponse est invalide
  .then(data => console.log(data));
```

■ **Bonne pratique** (Utiliser catch()) :

```
fetch("https://api.example.com/data")
  .then(response => {
```

```
  if (!response.ok) {
    throw new Error("Erreur réseau !");
  }
  return response.json();
})
.then(data => console.log(data))
  .catch(error => console.error("Une erreur est
survenue :", error));
```

■ Encore mieux : Utiliser async/await avec try/catch :

```
async function fetchData() {
  try {
                    const     response     =     await
fetch("https://api.example.com/data");
    if (!response.ok) throw new Error("Erreur réseau
!");
    const data = await response.json();
    console.log(data);
  } catch (error) {
    console.error("Une erreur est survenue :", error);
  }
}

fetchData();
```

🚀 Optimiser le temps d'exécution et le rendu

L'optimisation du temps d'exécution et du rendu est cruciale pour garantir une **performance optimale** des applications JavaScript, en particulier dans un contexte de développement web où l'expérience utilisateur dépend largement de la réactivité et de la fluidité. Dans ce chapitre, nous allons explorer différentes **stratégies** pour optimiser vos applications JavaScript et améliorer l'interaction avec l'utilisateur.

[1] Optimisation du Temps d'Exécution

◆ Minimiser les Boucles et les Itérations

Les boucles représentent souvent des points de **bottleneck** (goulots d'étranglement) dans le temps d'exécution. Par conséquent, optimiser l'utilisation des boucles peut significativement améliorer la performance de votre application.

✗ **Mauvaise pratique** (boucles inefficaces) :

```
for (let i = 0; i < array.length; i++) {
  for (let j = 0; j < array.length; j++) {
      console.log(array[i] + array[j]);  // ▲ Double
boucle inutilement coûteuse
  }
}
```

■ **Bonne pratique** (optimisation des boucles) :

- **Éviter les boucles imbriquées** lorsque c'est possible.
- **Utiliser les méthodes fonctionnelles comme** `map()`, `filter()`
  et `reduce()` qui sont souvent plus rapides que les boucles .

```
const result = array.map(item => item * 2); // Une
seule boucle interne
```

💡 **Astuce** : Pour des boucles sur des **objets ou tableaux très
volumineux**, pensez à **arrêter la boucle** dès que le résultat souhaité est
obtenu. Ne continuez pas à itérer inutilement.

◆ Optimisation des Fonctions

Les fonctions, surtout celles qui sont appelées fréquemment, doivent être
optimisées pour minimiser leur temps d'exécution.

✖ **Mauvaise pratique** (appels de fonction inutiles) :

```
const sum = (a, b) => a + b;
console.log(sum(1, 2) + sum(3, 4) + sum(5, 6)); //
Appels de fonctions redondants
```

■ Bonne pratique (utiliser une variable pour stocker le résultat) :

```
const sum1 = sum(1, 2);
const sum2 = sum(3, 4);
const sum3 = sum(5, 6);
console.log(sum1 + sum2 + sum3); // Moins d'appels de
fonction
```

De plus, l'utilisation de **memoization** peut améliorer la performance de vos fonctions, notamment pour les calculs complexes ou les fonctions appelées plusieurs fois avec les mêmes paramètres.

⌂2⌂ Optimisation du Rendu (DOM)

Le **rendu du DOM** joue un rôle central dans la performance des applications web. Manipuler le DOM est une opération coûteuse, et de mauvais choix dans la gestion du DOM peuvent sérieusement nuire à l'expérience utilisateur.

◆ Réduire les accès au DOM

Chaque accès au DOM est relativement coûteux en termes de temps de traitement. Réduire ces accès au minimum et les regrouper peut améliorer de manière significative la performance.

✗ Mauvaise pratique :

```
const list = document.getElementById("list");
for (let i = 0; i < 1000; i++) {
  const li = document.createElement("li");
  li.textContent = `Item ${i}`;
```

```
    list.appendChild(li);    //  ⚠  Chaque appendChild
déclenche un reflow du DOM
}
```

■ **Bonne pratique :**

```
const list = document.getElementById("list");
const fragment = document.createDocumentFragment();  //
Utiliser un fragment pour regrouper les changements

for (let i = 0; i < 1000; i++) {
  const li = document.createElement("li");
  li.textContent = `Item ${i}`;
   fragment.appendChild(li);  // Manipuler le DOM dans
le fragment
}

list.appendChild(fragment);  // Une seule modification
du DOM
```

💡 **Astuce** : Lorsque vous effectuez des modifications complexes du DOM, utilisez un **fragment** ou **cloner un élément** et effectuez les modifications avant d'ajouter l'élément au DOM final.

◆ Utiliser le "Virtual DOM" (React, Vue, Angular)

Les frameworks modernes comme **React**, **Vue** et **Angular** utilisent un mécanisme appelé **Virtual DOM**, qui améliore considérablement les performances en réduisant le nombre de mises à jour réelles du DOM.

🔍 **Virtual DOM :**
Le Virtual DOM est une **représentation en mémoire** du DOM réel.

Lorsque vous modifiez le DOM dans un framework comme React, les changements sont d'abord appliqués au Virtual DOM. Ensuite, une **différence** (ou diffing) est effectuée entre l'ancien et le nouveau Virtual DOM, et seul le **diff** nécessaire est appliqué au DOM réel.

■ **Avantages** :

- Réduit les accès coûteux au DOM.
- Evite les reflows et repaints inutiles.

③ Chargement Paresseux et Différé (Lazy Loading)

L'utilisation du **lazy loading** permet de charger les ressources (images, scripts, etc.) uniquement lorsque cela est nécessaire, ce qui optimise le temps de chargement et le rendu initial de la page.

◆ Charger les images en lazy loading

Les images peuvent être chargées uniquement lorsque l'utilisateur les fait défiler jusqu'à elles, réduisant ainsi le nombre d'éléments à charger initialement.

✗ **Mauvaise pratique** (chargement d'images au démarrage) :

html

```
<img src="image1.jpg" alt="Image 1">
<img src="image2.jpg" alt="Image 2">
```

■ **Bonne pratique** (utiliser loading="lazy") :

html

```
<img src="image1.jpg" alt="Image 1" loading="lazy">
```

```
<img src="image2.jpg" alt="Image 2" loading="lazy">
```

• Charger des scripts JavaScript de manière différée

Il est possible de différer l'exécution de certains scripts afin qu'ils ne bloquent pas le rendu de la page.

■ **Bonne pratique** (utiliser async ou defer) :

- **async** : Le script est chargé de manière asynchrone et exécuté dès qu'il est prêt, sans bloquer le rendu de la page.
- **defer** : Le script est chargé en parallèle, mais exécuté uniquement après que le DOM soit complètement chargé.

html

```
<script src="script.js" defer></script>   <!-- Exécution
différée -->
<script src="script.js" async></script>   <!-- Exécution
asynchrone -->
```

4 Minification et Compression des Fichiers

La **minification** consiste à supprimer les espaces blancs, commentaires et autres éléments inutiles dans vos fichiers JavaScript, CSS et HTML. Cela réduit la taille des fichiers, ce qui accélère le **chargement des pages**.

• Minification des fichiers JavaScript

Utilisez des outils comme **UglifyJS**, **Terser** ou **Webpack** pour minifier vos fichiers.

■ **Bonne pratique** :

Utiliser un **build process** (par exemple, avec Webpack ou Gulp) pour minifier et **bundler** les fichiers JavaScript.

◆ Compression des ressources

La **compression GZIP** ou **Brotli** permet de réduire la taille des fichiers envoyés au client, améliorant ainsi le temps de chargement.

■ **Bonne pratique** :

Activer la compression GZIP/Brotli sur votre serveur pour réduire la taille des fichiers transmis.

⑤ Profilage et Mesure des Performances

L'optimisation ne doit pas se faire à l'aveugle. Utilisez des outils de **profilage** et des **mesures de performance** pour identifier les goulots d'étranglement de votre application.

◆ Outils de Profilage

- **Google Chrome DevTools** : Utilisez l'onglet **Performance** pour analyser le rendu et le comportement de votre application.
- **Lighthouse** : Analyse la performance de votre site et vous fournit des recommandations pour l'améliorer.
- **Web Vitals** : Collecte des données sur les performances du site en temps réel, telles que **First Contentful Paint (FCP)** et **Largest Contentful Paint (LCP)**.

🔒 Chapitre 8 : Sécurité et Bonnes Pratiques

Protection contre les injections et attaques XSS

La sécurité des applications JavaScript est un aspect crucial du développement web moderne. Les **attaques par injection** et les **attaques Cross-Site Scripting (XSS)** figurent parmi les plus courantes et dangereuses, mettant en péril non seulement l'intégrité de l'application, mais aussi les données des utilisateurs. Dans ce chapitre, nous allons aborder les stratégies pour protéger vos applications contre ces menaces.

1 Injections SQL et autres types d'injections

◆ Comprendre les injections SQL

Les injections SQL se produisent lorsqu'un attaquant insère du code SQL malveillant dans une requête, permettant d'exécuter des commandes non autorisées sur votre base de données. Bien que les injections SQL soient plus courantes dans des langages côté serveur comme PHP ou Node.js, elles peuvent également toucher les applications JavaScript si elles interagissent directement avec une base de données via un backend.

Exemple d'injection SQL :

```
const userInput = "1 OR 1=1";   // Donnée malveillante
entrée par un utilisateur
const query = `SELECT * FROM users WHERE id =
${userInput};`;

// Cela pourrait renvoyer toutes les lignes de la table
"users" si la requête est exécutée sans validation.
```

◆ Protéger contre les injections SQL

Pour éviter ce type d'attaque, il est essentiel de ne **jamais insérer directement** des données utilisateur dans une requête SQL. Il est crucial d'utiliser des **requêtes paramétrées** ou des **ORMs (Object-Relational Mapping)** qui s'occupent de l'échappement automatique des données.

Bonne pratique avec Node.js et un ORM comme Sequelize :

```
const userId = req.body.id;
User.findOne({
  where: {
    id: userId
  }
}).then(user => {
```

```
// Traitement des données utilisateur
});
```

Dans cet exemple, Sequelize prend en charge l'échappement des données et empêche l'injection SQL.

2 Attaques Cross-Site Scripting (XSS)

◆ Comprendre les attaques XSS

Les attaques **Cross-Site Scripting (XSS)** se produisent lorsqu'un attaquant parvient à injecter du code JavaScript malveillant dans une page web. Ce code peut ensuite être exécuté dans le navigateur de l'utilisateur, donnant accès à ses cookies, données locales ou permettant la redirection vers des sites malveillants.

Les attaques XSS peuvent prendre plusieurs formes :

- **XSS stockée** : Le code malveillant est injecté et stocké sur le serveur (par exemple dans une base de données).
- **XSS réfléchie** : Le code malveillant est renvoyé directement dans la réponse HTTP après que l'utilisateur ait soumis un formulaire.

Exemple d'attaque XSS :

Supposons qu'une application web affiche le nom d'utilisateur sans échappement. Un attaquant pourrait soumettre un formulaire avec un contenu comme :

html

```
<script>alert('Attaque XSS');</script>
```

Lors de l'affichage de ce nom dans le site, le script sera exécuté dans le navigateur de la victime.

◆ Protéger contre les attaques XSS

1. Échapper les données affichées

La première ligne de défense contre XSS consiste à échapper toutes les données utilisateur avant de les afficher dans le DOM. Cela empêche le navigateur d'exécuter des scripts malveillants.

Exemple avec un framework comme React :

React s'assure automatiquement d'échapper les caractères spéciaux dans les variables insérées dans le DOM, ce qui réduit les risques de XSS.

jsx

```
<div>{userInput}</div>          // React échappe
automatiquement les caractères spéciaux
```

Exemple de pratique manuelle avec JavaScript pur :

Si vous manipulez directement le DOM avec JavaScript, vous pouvez échapper les caractères spéciaux manuellement :

```
function escapeHtml(str) {
  return str.replace(/[&<>"'`=\/]/g, function (char) {
    return `&#${char.charCodeAt(0)};`;
  });
}

const userInput = "<script>alert('XSS')</script>";
const safeInput = escapeHtml(userInput);
document.getElementById('output').innerHTML         =
safeInput; // Aucune exécution de script
```

2. Utiliser des attributs sécurisés dans les formulaires

Lorsque vous gérez des données provenant de formulaires, assurez-vous d'utiliser des méthodes sécurisées pour traiter ces données. Par exemple, évitez de rendre les utilisateurs vulnérables en insérant des données utilisateur dans des éléments HTML sensibles comme `innerHTML`. Privilégiez `textContent` ou `setAttribute` pour les valeurs d'attribut.

```
// Mauvaise pratique :
document.getElementById('username').innerHTML       =
userInput;  // Potentiellement vulnérable à XSS

// Bonne pratique :
document.getElementById('username').textContent     =
userInput;  // Sécurisé contre XSS
```

• Utiliser des en-têtes de sécurité HTTP

Pour renforcer la sécurité contre XSS, vous pouvez utiliser des en-têtes HTTP de sécurité qui empêchent l'exécution de scripts malveillants.

Content Security Policy (CSP)

La **CSP** permet de définir des règles strictes pour les ressources (scripts, images, styles) qui peuvent être chargées sur votre site, réduisant ainsi la possibilité d'injection de scripts.

Exemple de configuration CSP dans les en-têtes HTTP :

h

```
Content-Security-Policy: default-src 'self'; script-src
'self'; object-src 'none';
```

Cela garantit que seules les ressources provenant du même domaine seront chargées et que les objets (comme les applets Java) seront interdits.

X-Content-Type-Options

Cet en-tête empêche les navigateurs d'interpréter un fichier comme un type différent de son type MIME, réduisant le risque d'exécution de scripts malveillants.

http

```
X-Content-Type-Options: nosniff
```

3 Autres Bonnes Pratiques pour Renforcer la Sécurité JavaScript

◆ Utiliser le HTTPS

Toujours utiliser **HTTPS** (et non HTTP) pour crypter les communications entre le client et le serveur. Cela empêche les attaquants d'intercepter les données sensibles, telles que les identifiants de connexion ou les informations bancaires.

Exemple :

Utilisez toujours des URLs **https://** dans vos liens et vos ressources externes.

◆ Validation des Données côté serveur

Bien que la validation des entrées côté client soit essentielle, **la validation côté serveur** est cruciale pour garantir la sécurité des données. Ne faites jamais confiance aux données envoyées par le client et validez systématiquement les données côté serveur avant de les utiliser.

◆ Utiliser les Cookies de manière sécurisée

Les cookies doivent être utilisés avec précaution, surtout lorsqu'ils contiennent des informations sensibles.

Configurer les cookies en toute sécurité :

- **HttpOnly** : Empêche l'accès au cookie via JavaScript, réduisant ainsi les risques d'attaque XSS.
- **Secure** : Garantit que le cookie est envoyé uniquement via HTTPS.
- **SameSite** : Empêche l'envoi du cookie lors de requêtes inter-domaines, réduisant le risque d'attaque CSRF.

```
Set-Cookie:    sessionId=abc123;    Secure;    HttpOnly;
SameSite=Strict;
```

🔒 Sécuriser les données utilisateur

La gestion des données utilisateur est un enjeu majeur dans le développement d'applications web modernes. Les violations de données, les fuites d'informations sensibles ou l'accès non autorisé peuvent non seulement porter atteinte à la réputation d'une entreprise, mais aussi entraîner des sanctions juridiques. Ce chapitre vous guidera à travers les meilleures pratiques pour sécuriser les données utilisateur tout au long de leur cycle de vie, de la collecte à la conservation.

1 Cryptage des données sensibles

◆ Pourquoi crypter les données ?

Le cryptage est l'une des méthodes les plus efficaces pour protéger les données sensibles contre l'accès non autorisé. Même si un attaquant parvient à obtenir l'accès à votre base de données, les informations cryptées seront inutilisables sans la clé de décryptage.

Types de données à crypter :

- **Mots de passe**

- **Informations bancaires** (n° de carte de crédit, numéros de sécurité sociale, etc.)
- **Données personnelles** (adresses, numéros de téléphone, etc.)

Exemple de cryptage des mots de passe avec bcrypt (Node.js) :

```
const bcrypt = require('bcrypt');

// Cryptage du mot de passe
const          hashedPassword          =          await
bcrypt.hash('monMotDePasse', 10);

// Vérification du mot de passe
const isMatch = await bcrypt.compare('monMotDePasse',
hashedPassword);
if (isMatch) {
  console.log("Mot de passe valide");
} else {
  console.log("Mot de passe invalide");
}
```

Pourquoi bcrypt ?

- **Salage automatique** : Le salage est un processus qui ajoute une valeur aléatoire au mot de passe avant de le crypter, rendant plus difficile la tâche pour un attaquant de craquer plusieurs mots de passe à partir d'une base de données compromise.
- **Facteur de coût ajustable** : bcrypt permet d'ajuster la complexité du processus de cryptage, rendant le mot de passe plus difficile à casser par des attaques par force brute.

②Protection des mots de passe utilisateur

❖ Utilisation de mots de passe robustes

Les mots de passe sont la première ligne de défense dans les applications. Il est essentiel d'encourager les utilisateurs à choisir des mots de passe complexes et uniques pour chaque service.

Caractéristiques d'un mot de passe robuste :

- Minimum de **8 à 12 caractères**
- Inclusion de **lettres majuscules et minuscules,** de **chiffres**, et de **caractères spéciaux**
- **Pas de mots de passe communs** ou de séquences simples (ex. "123456", "password")

Bonnes pratiques pour les mots de passe :

- **Utiliser un gestionnaire de mots de passe** : Encouragez les utilisateurs à utiliser un gestionnaire de mots de passe pour générer et stocker des mots de passe complexes.
- **Authentification multifacteur (MFA)** : La MFA ajoute une couche de sécurité supplémentaire en exigeant un facteur d'authentification supplémentaire (par exemple, un code envoyé par SMS ou une application d'authentification).

Exemple d'authentification multifacteur (Node.js avec Google Authenticator) :

```
const speakeasy = require('speakeasy');
const QRCode = require('qrcode');

// Générer un secret pour l'utilisateur
const secret = speakeasy.generateSecret({length: 20});
console.log(secret.base32);    // Affiche le secret à
scanner

// Générer un QR Code pour Google Authenticator
```

```
QRCode.toDataURL(secret.otpauth_url,          function(err,
data_url) {
    console.log(data_url);    // Code QR à scanner avec
Google Authenticator
});
```

③ Stockage sécurisé des données

◆ Précautions pour le stockage des données sensibles

Le stockage des données utilisateur, en particulier des informations sensibles telles que les mots de passe, les numéros de carte bancaire ou les adresses, doit toujours être effectué de manière sécurisée.

Bonnes pratiques pour le stockage sécurisé des données :

- **Crypter les données sensibles avant stockage** : Ne jamais stocker les mots de passe ou autres informations sensibles en texte brut. Utilisez des techniques de cryptage pour protéger ces données.
- **Limiter l'accès aux données** : Restreindre l'accès aux données sensibles en appliquant des principes de sécurité « moindre privilège ».
- **Utiliser des bases de données sécurisées** : Certaines bases de données offrent des mécanismes de sécurité intégrés, comme le chiffrement des données au repos (ex. MongoDB, PostgreSQL).

Exemple de stockage sécurisé des données avec MongoDB

MongoDB propose le chiffrement au niveau du stockage de données afin d'assurer que toutes les données stockées dans la base sont sécurisées,

174

même en cas d'accès non autorisé au disque. Il est recommandé d'activer cette option lors de la configuration du serveur.

4 Sécuriser les communications avec l'utilisateur

✦ Le rôle du HTTPS

Le **protocole HTTPS** (Hypertext Transfer Protocol Secure) est essentiel pour protéger les données en transit entre le serveur et le client. Il chiffre toutes les informations échangées (par exemple, les mots de passe, les informations de paiement), empêchant ainsi les attaquants d'intercepter et de lire les données.

Pourquoi utiliser HTTPS ?

- **Chiffrement des données en transit** : Empêche l'écoute ou l'altération des communications par des attaquants.
- **Authentification du serveur** : Assure que l'utilisateur communique avec le bon serveur et non avec un site imitant le vôtre.
- **Intégrité des données** : Garantit que les données n'ont pas été modifiées en transit.

Exemple de configuration HTTPS avec Express.js :

```
const fs = require('fs');
const https = require('https');
const app = require('express')();

const options = {
  key: fs.readFileSync('server.key'),
  cert: fs.readFileSync('server.cert')
};
```

```
https.createServer(options, app).listen(443, () => {
    console.log('Serveur HTTPS en fonctionnement sur le
port 443');
});
```

5 Gestion des sessions utilisateur

• Stockage des sessions de manière sécurisée

Les sessions sont utilisées pour maintenir l'état de connexion de
l'utilisateur pendant qu'il navigue sur le site. Il est crucial de sécuriser les
sessions pour éviter le vol ou l'usurpation.

Bonnes pratiques pour la gestion des sessions :

- **Utiliser des identifiants de session aléatoires** et longs pour
  rendre les sessions difficiles à deviner.
- **Stocker les sessions côté serveur** plutôt que dans les cookies
  pour éviter les attaques de type session fixation.
- **Protéger les cookies de session** en les configurant avec les
  attributs **HttpOnly**, **Secure** et **SameSite** pour empêcher les
  attaques XSS et CSRF.

```
Set-Cookie:    sessionId=abc123;    HttpOnly;    Secure;
SameSite=Strict;
```

6 Anonymisation et minimisation des données

◆ Anonymisation des données sensibles

Dans certains cas, il est préférable de **ne pas collecter de données sensibles** ou de les **anonymiser** dès que cela est possible. L'anonymisation rend les données irréversibles et inutilisables pour des attaquants.

Exemple d'anonymisation :

- Lors de l'agrégation de données pour des analyses statistiques, vous pouvez supprimer les informations permettant d'identifier directement un utilisateur (nom, adresse email, etc.).

7 Audits et surveillance des accès

◆ Effectuer des audits réguliers

Les audits de sécurité sont essentiels pour détecter toute tentative d'intrusion, toute vulnérabilité ou toute mauvaise configuration. En effectuant des audits réguliers, vous vous assurez que les données utilisateur restent protégées contre les menaces évolutives.

Exemples d'audits de sécurité :

- **Audit des accès aux données** : Vérifiez qui accède à vos données sensibles et assurez-vous que les employés ont seulement accès aux informations nécessaires à leurs tâches.
- **Surveillance des logs de sécurité** : Analysez les logs pour détecter toute activité suspecte, comme des tentatives de connexion échouées ou des accès non autorisés.

🔐 Respecter les meilleures pratiques de développement

Le respect des meilleures pratiques de développement est essentiel pour garantir la qualité, la sécurité et la maintenabilité de votre code. Non seulement ces pratiques aident à éviter les erreurs et les vulnérabilités, mais elles favorisent également un travail d'équipe harmonieux, la réutilisabilité du code et la scalabilité des applications. Dans ce chapitre, nous allons aborder les meilleures pratiques essentielles à respecter lors du développement d'applications JavaScript sécurisées et performantes.

1 Suivre les principes de sécurité dès le début du développement

• La sécurité dès la conception (Security by Design)

Lors du développement, il est essentiel de considérer la sécurité comme une partie intégrante du processus dès le début. Ce principe de "security by design" implique que vous devez anticiper les risques et les vulnérabilités dès la phase de conception, plutôt que de chercher à les corriger après coup. Il est donc crucial d'adopter une approche de développement sécurisée dès les premières étapes de la création d'une application.

Bonnes pratiques :

- **Évaluation des risques** : Identifiez les risques potentiels dès le début de votre projet et mettez en place des stratégies pour les atténuer.
- **Planification de la sécurité** : Définissez des stratégies de gestion des mots de passe, du stockage sécurisé des données et de la validation des entrées dès la phase de conception.

2 Utiliser des outils de sécurité pour l'audit et la vérification

◆ L'intégration de l'audit de sécurité dans le processus de développement

Les outils d'audit et de vérification jouent un rôle majeur pour détecter les vulnérabilités de votre code. Il est important d'utiliser des outils de sécurité afin de réaliser des analyses statiques et dynamiques du code.

Exemples d'outils d'audit :

- **ESLint** : Un linter JavaScript qui permet de détecter des erreurs de syntaxe et des incohérences dans le code avant qu'elles ne deviennent des vulnérabilités de sécurité.
- **Snyk** : Un outil qui vérifie les vulnérabilités dans les dépendances du projet et propose des mises à jour sécurisées.
- **OWASP Dependency-Check** : Un scanner de vulnérabilités pour analyser les dépendances de vos projets et identifier celles qui pourraient comporter des failles de sécurité.

◆ Revue de code et collaboration

Effectuer des revues de code régulièrement permet d'identifier les erreurs potentielles, les mauvaises pratiques et les vulnérabilités de sécurité. Cela permet également de sensibiliser toute l'équipe aux bonnes pratiques de développement sécurisé.

3 Validation des entrées et gestion des erreurs

✦ Validation des données d'entrée

Une des causes majeures des vulnérabilités de sécurité, telles que les attaques XSS (Cross-Site Scripting) et SQL Injection, provient d'une validation insuffisante des données d'entrée. Assurez-vous que toutes les entrées utilisateur, qu'elles proviennent d'un formulaire, d'une URL ou de n'importe quelle autre source externe, soient validées et filtrées correctement.

Bonnes pratiques pour la validation des entrées :

- **Validation côté serveur** : Toujours valider les entrées côté serveur, même si elles sont validées côté client.
- **Utiliser des bibliothèques de validation éprouvées** : Ne réinventez pas la roue. Utilisez des bibliothèques comme validator.js pour la validation des emails, des numéros de téléphone, etc.
- **Validation stricte** : Ne laissez aucune place à des entrées qui ne respectent pas un format strict et défini.

Exemple de validation avec express-validator :

```
const { body, validationResult } = require('express-validator');

app.post('/signup', [
  body('email').isEmail().withMessage('Veuillez fournir un email valide'),
  body('password').isLength({ min: 6 }).withMessage('Le mot de passe doit comporter au moins 6 caractères')
], (req, res) => {
```

```
const errors = validationResult(req);
if (!errors.isEmpty()) {
        return   res.status(400).json({   errors:
errors.array() });
}
// Continuer le traitement de la demande
});
```

4 Limiter les privilèges et appliquer le principe du moindre privilège

◆ **Moindre privilège**

Le principe du moindre privilège (Least Privilege Principle) stipule que chaque utilisateur ou processus ne devrait avoir que les permissions strictement nécessaires pour accomplir ses tâches. Cela permet de limiter les conséquences d'une éventuelle attaque.

Bonnes pratiques pour appliquer le principe du moindre privilège :

- **Séparation des rôles** : Utilisez des rôles distincts pour les différents types d'utilisateurs (administrateurs, utilisateurs standards, invités), avec des permissions adaptées à chacun.
- **Accès minimal aux données sensibles** : Limitez l'accès aux données sensibles aux seules personnes ou processus qui en ont réellement besoin pour accomplir leurs tâches.
- **Révocation des accès** : Révoquez les privilèges d'accès dès qu'ils ne sont plus nécessaires.

5 Mettre en place une gestion rigoureuse des erreurs et des exceptions

◆ **Gestion des erreurs**

La gestion des erreurs est une pratique essentielle pour protéger votre application contre les fuites d'informations sensibles. Il est important de ne pas exposer de détails techniques sur les erreurs, comme les chemins de fichiers, les stack traces ou les informations de base de données.

Bonnes pratiques pour la gestion des erreurs :

- **Messages d'erreur généraux** : Fournissez des messages d'erreur généraux à l'utilisateur, sans détails techniques.
- **Logging sécurisé** : Enregistrez les erreurs dans un journal (log), mais assurez-vous que les logs ne contiennent pas de données sensibles (mots de passe, informations de carte bancaire, etc.).
- **Surveillance et alertes** : Configurez des outils de surveillance pour détecter les erreurs critiques en temps réel et les signaler immédiatement aux développeurs.

Exemple de gestion des erreurs avec un middleware dans Express.js :

```
app.use((err, req, res, next) => {
  console.error(err.stack);  // Log de l'erreur
  res.status(500).send('Quelque chose a mal tourné !');
// Message d'erreur générique
});
```

6 Mise à jour régulière des dépendances

◆ Importance de la gestion des dépendances

L'utilisation de bibliothèques et de frameworks tiers permet d'accélérer le développement, mais cela introduit également des risques. Les dépendances peuvent contenir des failles de sécurité qui doivent être corrigées par des mises à jour régulières.

Bonnes pratiques pour la gestion des dépendances :

- **Mise à jour régulière des bibliothèques** : Utilisez des outils comme npm audit pour détecter les vulnérabilités dans les dépendances de votre projet et les mettre à jour régulièrement.
- **Revue des nouvelles versions** : Lisez les notes de version avant de mettre à jour pour comprendre les changements apportés par les nouvelles versions.
- **Gestion des versions** : Utilisez un gestionnaire de versions comme npm ou yarn pour maintenir une configuration stable des dépendances et éviter les mises à jour non contrôlées.

7 Suivre les standards de codage et la documentation

◆ Standardisation du code

Un code bien structuré et conforme aux normes de codage facilite la maintenance et la collaboration au sein des équipes. L'utilisation de standards de codage permet de garantir la lisibilité du code et de réduire les erreurs humaines.

Bonnes pratiques pour la standardisation du code :

- **Utiliser des linters et des formateurs de code** : Des outils comme ESLint et Prettier permettent de vérifier la qualité du code et d'appliquer des conventions de style.
- **Documentation claire et concise** : Rédigez une documentation complète pour les fonctions, les modules et les classes, afin que les autres développeurs (ou vous-même dans le futur) puissent comprendre facilement le fonctionnement de votre code.

Exemple de configuration de ESLint :

json
```
{
  "extends": "eslint:recommended",
  "env": {
```

```json
    "browser": true,
    "node": true
  },
  "rules": {
    "no-console": "warn",
    "eqeqeq": "error"
  }
}
```

● Chapitre 9 : Debugging et Tests

Le processus de développement logiciel n'est pas exempt de défauts. Même les meilleurs développeurs commettent des erreurs, et chaque application finira par rencontrer des bugs à un moment donné. Le **debugging** (ou débogage) et les **tests** sont deux des compétences essentielles pour un développeur afin de garantir la stabilité, la fiabilité et la qualité d'une application. Dans ce chapitre, nous allons explorer les techniques et outils qui vous permettront de trouver et corriger les bugs efficacement, tout en adoptant une approche systématique de test.

1 Comprendre le debugging : L'art de localiser et résoudre les problèmes

◆ Qu'est-ce que le Debugging ?

Le debugging est le processus d'identification, de traçage et de correction des erreurs ou des anomalies dans le code. Les bugs peuvent apparaître sous différentes formes : erreurs de syntaxe, comportements inattendus, lenteurs ou plantages de l'application. Le débogage consiste à comprendre pourquoi et où ces erreurs se produisent et à y remédier.

◆ Les types de bugs fréquents :

- **Bugs de logique** : Le programme s'exécute sans erreurs, mais les résultats ne sont pas ceux attendus.
- **Erreurs de syntaxe** : Le code contient des fautes de frappe ou des erreurs de syntaxe.
- **Bugs de performance** : Le programme fonctionne correctement mais est lent ou utilise trop de ressources.

- **Erreurs d'intégration** : Des bugs peuvent survenir lorsque les différentes parties du code (ou des services externes) ne communiquent pas correctement.

◆ Techniques de Debugging

Il existe plusieurs techniques pour aborder le debugging, et chacune dépend du type de bug rencontré.

1.1 Utiliser les consoles et logs

L'utilisation de la console est un moyen simple mais puissant pour suivre l'exécution du code et identifier où le problème se situe.

Console.log() : Dans JavaScript, la fonction console.log() est un moyen de base pour afficher des valeurs à des points spécifiques du code et suivre son exécution.

Exemple :

js

```js
function calculerTotal(prix, taxe) {
  console.log('Prix:', prix);
  console.log('Taxe:', taxe);
  return prix + (prix * taxe);
}
```

1.2 Les débogueurs intégrés

Les navigateurs modernes (comme Chrome ou Firefox) offrent des outils de développement avancés qui incluent des débogueurs permettant de :

- Mettre des points d'arrêt sur des lignes spécifiques du code.
- Inspecter les valeurs des variables en temps réel.
- Avancer ligne par ligne dans l'exécution du programme.

Exemple avec les outils de développement de Chrome :

- Ouvrez les outils de développement avec F12.
- Accédez à l'onglet "Sources" et placez un point d'arrêt sur une ligne de votre code.
- Actualisez la page pour que le point d'arrêt s'active, puis examinez les variables et suivez l'exécution du programme étape par étape.

1.3 Débogage à distance

Le débogage à distance est utile lorsque vous travaillez sur une application qui s'exécute sur un serveur ou une machine distante. Vous pouvez configurer des outils comme **VSCode** ou **WebStorm** pour se connecter à un serveur à distance et déboguer votre code en direct.

2 Tester votre code : Un pilier de la qualité

◆ Qu'est-ce que les tests ?

Les tests logiciels sont une méthode pour vérifier qu'une application fonctionne comme prévu et qu'elle ne présente pas de régressions. Ils permettent de s'assurer que chaque partie de votre code fonctionne correctement dans différents scénarios, réduisant ainsi les risques de bugs.

◆ Types de tests

Les tests peuvent être classés en plusieurs catégories, chacune ayant un objectif spécifique.

2.1 Tests unitaires (Unit Tests)

Les tests unitaires vérifient qu'une fonction ou un composant individuel fonctionne comme prévu. Ils permettent de s'assurer que chaque "unité" de votre code (par exemple, une fonction ou une méthode) produit les résultats attendus.

- **Outils populaires** : Jest, Mocha, Jasmine.

Exemple avec Jest :

```
const addition = (a, b) => a + b;

test('addition de 2 et 3', () => {
  expect(addition(2, 3)).toBe(5);
});
```

2.2 Tests d'intégration (Integration Tests)

Les tests d'intégration vérifient comment différentes parties du code interagissent ensemble. Ces tests peuvent concerner plusieurs composants ou modules qui, lorsqu'ils sont combinés, doivent produire un résultat attendu.

Exemple de test d'intégration : Si vous avez une fonction qui récupère des données via une API et les traite, vous pouvez tester l'intégration de la récupération des données et de leur traitement.

2.3 Tests fonctionnels et de bout en bout (End-to-End Testing)

Les tests de bout en bout simulent des scénarios d'utilisation réelle, en testant l'ensemble du flux de l'application, du front-end jusqu'au back-end.

- **Outils populaires** : Cypress, Puppeteer, Selenium.

Exemple de test E2E avec Cypress :

```
describe('Test de la page de connexion', () => {
    it('devrait se connecter avec des informations valides', () => {
    cy.visit('https://votre-site.com');
```

```
cy.get('input[name=email]').type('utilisateur@example.c
om');
    cy.get('input[name=password]').type('MotDePasse');
    cy.get('button[type=submit]').click();
    cy.url().should('include', '/tableau-de-bord');
  });
});
```

2.4 Tests de régression

Les tests de régression vérifient que les nouvelles modifications du code n'ont pas affecté négativement les fonctionnalités existantes.

3 Automatiser les tests pour une meilleure efficacité

◆ Pourquoi automatiser les tests ?

Les tests manuels sont longs et sujet à des erreurs humaines. L'automatisation des tests permet de réduire considérablement le temps nécessaire pour valider les fonctionnalités et de garantir que chaque nouvelle version de l'application est conforme aux attentes.

3.1 Configurer des tests automatisés avec CI/CD

Les outils de **CI/CD (Continuous Integration/Continuous Deployment)** vous permettent d'automatiser l'exécution de vos tests chaque fois que du code est poussé dans le repository. Cela garantit que toutes les modifications du code sont vérifiées immédiatement, ce qui permet d'identifier et de résoudre rapidement les problèmes.

- **Outils populaires** : **GitHub Actions**, **Jenkins**, **Travis CI**, **CircleCI**.

4 Meilleures pratiques de Debugging et de Tests

◆ **Utiliser les tests tout au long du cycle de développement**

Les tests doivent être considérés comme une partie intégrante du processus de développement et non comme une étape facultative. Ils doivent être écrits avant ou pendant le développement du code, pas après.

◆ **Ne jamais ignorer les erreurs dans le code**

Il est facile de "masquer" un bug en ne le corrigeant pas immédiatement, mais cela peut entraîner des problèmes beaucoup plus importants à long terme. Toujours s'attaquer aux bugs dès qu'ils se manifestent pour éviter qu'ils ne s'aggravent.

◆ **Rester organisé dans le processus de debugging**

Le debugging peut être frustrant, mais il est essentiel de rester organisé. Décomposez chaque problème en petites étapes pour le résoudre plus facilement.

◆ **Ajouter des tests à chaque modification de code**

Chaque fois que vous modifiez une fonctionnalité, ajoutez un test pour vous assurer que tout fonctionne comme prévu. Cela permet de vérifier que vous n'avez pas introduit de régressions.

Utilisation des DevTools du navigateur

Les **DevTools** (ou outils de développement) sont un ensemble d'outils intégrés aux navigateurs modernes comme Chrome, Firefox, et Edge, qui permettent aux développeurs d'inspecter, déboguer et analyser le code des applications web. Ils offrent une vaste gamme de fonctionnalités pour diagnostiquer les problèmes de performance, examiner les erreurs JavaScript, déboguer le DOM, tester des requêtes réseau, et bien plus encore. Ce chapitre vous guidera à travers l'utilisation des DevTools pour améliorer votre efficacité en développement web.

1 Qu'est-ce que les DevTools ?

Les DevTools sont des outils puissants qui sont directement intégrés dans les navigateurs web. Ils sont accessibles depuis le menu des paramètres ou en appuyant sur `F12` ou `Ctrl+Shift+I` (sur la plupart des navigateurs). Les DevTools offrent des fonctionnalités variées, mais les plus couramment utilisées par les développeurs web sont :

- **Inspecteur HTML/CSS** : Permet de visualiser et modifier le DOM (Document Object Model) et le style des éléments en temps réel.
- **Console JavaScript** : Permet d'exécuter des scripts JavaScript directement dans le navigateur et de visualiser les messages de log.
- **Débogueur JavaScript** : Outil de débogage permettant de mettre des points d'arrêt et de suivre l'exécution du code ligne par ligne.
- **Network Monitor** : Permet de surveiller toutes les requêtes réseau envoyées et reçues par le navigateur.
- **Outils de performance** : Permettent d'analyser la performance de votre page, notamment en mesurant le temps de chargement et l'utilisation des ressources.

2 Inspecter et modifier le DOM en temps réel

Une des fonctionnalités les plus puissantes des DevTools est la possibilité d'inspecter le **DOM** (l'arbre des éléments HTML d'une page web). Cela vous permet de comprendre la structure de la page et de modifier le contenu en direct, sans avoir à recharger la page.

◆ Inspecteur DOM

Lorsque vous ouvrez les DevTools et accédez à l'onglet **Elements**, vous verrez le code HTML de la page en temps réel. Vous pouvez cliquer sur n'importe quel élément pour l'inspecter et voir ses styles CSS associés.

- **Modifier le HTML** : Vous pouvez directement ajouter, supprimer ou modifier des balises HTML dans l'inspecteur.
- **Modifier le CSS** : Les styles appliqués à chaque élément peuvent être modifiés à la volée dans la section de style. Vous pouvez ajuster les couleurs, les marges, la taille des polices, etc.

Exemple : Si vous voulez modifier la couleur d'un bouton sur une page, vous pouvez simplement naviguer dans le DOM, trouver le bouton, puis changer son style directement dans l'outil de style.

3 Console JavaScript : Affichage et Exécution de Code

La **Console** des DevTools est un outil essentiel pour déboguer et tester votre code JavaScript directement dans le navigateur.

◆ Visualisation des erreurs JavaScript

La console affiche toutes les erreurs, avertissements et logs que votre code génère. Cela vous permet de repérer rapidement les problèmes dans votre application. Vous y verrez :

- **Les erreurs JavaScript** : Avec la ligne de code où l'erreur se produit.
- **Les avertissements** : Liés à des pratiques obsolètes ou incorrectes.
- **Les logs** : Les informations imprimées avec `console.log()` pour déboguer.

◆ Tester des commandes JavaScript en temps réel

La console vous permet également d'exécuter des commandes JavaScript directement. Cela est très utile pour tester des fonctions, vérifier des variables ou manipuler des éléments du DOM sans avoir à recharger la page.

Exemple :

```
let x = 5;
console.log(x); // Affichera '5' dans la console.
```

Vous pouvez également appeler des fonctions, tester des expressions et vérifier les valeurs des variables en temps réel, ce qui vous permet d'expérimenter avec votre code sans modifier directement vos fichiers.

4 Débogage avec le Débogueur JavaScript

Le débogage est un élément clé de la recherche de bugs. Le débogueur intégré aux DevTools vous permet de suivre l'exécution de votre code JavaScript ligne par ligne et de voir l'état de vos variables à chaque étape. Cela vous aide à localiser précisément où et pourquoi une erreur se produit.

◆ Points d'arrêt (Breakpoints)

Les points d'arrêt vous permettent de suspendre l'exécution du code à une ligne spécifique et d'examiner l'état de la page à ce moment précis. Vous pouvez définir des points d'arrêt en cliquant sur le numéro de ligne dans l'onglet **Sources** des DevTools.

- **Définir un point d'arrêt** : Allez dans l'onglet **Sources**, ouvrez votre fichier JavaScript, puis cliquez sur le numéro de la ligne où vous souhaitez mettre un point d'arrêt.
- **Suivre l'exécution** : Une fois l'exécution arrêtée à ce point, vous pouvez vérifier l'état des variables, avancer étape par étape ou continuer l'exécution normalement.

◆ Étapes de débogage

1. **Mettre un point d'arrêt** : Cliquez sur une ligne de code pour ajouter un point d'arrêt.
2. **Inspection des variables** : Pendant l'arrêt, vous pouvez inspecter les variables locales et les valeurs des objets.
3. **Avancer dans le code** : Utilisez les boutons **Step Over** (passer à la ligne suivante) et **Step Into** (entrer dans une fonction) pour parcourir le code.

5️⃣ Monitorer les requêtes réseau avec Network

L'onglet **Network** vous permet de suivre toutes les requêtes réseau effectuées par votre application, y compris les requêtes HTTP pour charger des fichiers, récupérer des données ou envoyer des informations au serveur.

◆ Vérifier les requêtes HTTP

Dans l'onglet **Network**, vous pouvez observer :

- **Les requêtes GET** : Lorsque des données sont demandées au serveur.

- **Les requêtes POST** : Lorsque des données sont envoyées au serveur.
- **Les requêtes XHR/Fetch** : Pour la récupération de données via AJAX ou API REST.

Vous pouvez filtrer les types de requêtes, examiner les en-têtes HTTP, le corps des réponses et bien plus encore pour comprendre les interactions entre le client et le serveur.

✦ Déboguer les appels API

Si vous utilisez des API dans votre application, l'onglet **Network** est l'endroit idéal pour inspecter les données envoyées et reçues. Vous pouvez vérifier les réponses, les statuts HTTP (par exemple, 404 ou 500), et même la durée des requêtes.

6 Analyser la Performance de la Page

Les outils de performance vous aident à identifier les goulots d'étranglement qui ralentissent votre site. Vous pouvez surveiller la vitesse de chargement de votre page, le temps d'exécution des scripts, et analyser l'utilisation des ressources.

✦ Outil de performance

L'onglet **Performance** des DevTools permet de réaliser un enregistrement de la session afin de capturer toutes les actions du navigateur pendant un certain temps. Vous pouvez ensuite analyser :

- **Le temps de rendu** : Le temps que prend la page pour s'afficher.
- **Le temps d'exécution des scripts** : Combien de temps les scripts JavaScript mettent pour s'exécuter.
- **Le chargement des ressources** : Combien de temps chaque ressource (images, scripts, CSS) met à se charger.

✦ Audit de performance avec Lighthouse

Lighthouse est un outil intégré qui vous permet de réaliser un audit complet de votre page pour évaluer les performances, l'accessibilité, le SEO, et bien plus encore. Vous pouvez obtenir des recommandations pour améliorer les performances de votre application.

Introduction aux Tests Unitaires

Les **tests unitaires** sont une pratique fondamentale dans le développement logiciel moderne. Ils visent à vérifier qu'une **unité de code**, généralement une fonction ou une méthode, se comporte comme prévu. L'objectif principal des tests unitaires est de garantir que chaque composant individuel du code fonctionne correctement et de manière isolée, ce qui permet de détecter et de corriger rapidement les erreurs avant qu'elles ne se propagent dans le reste du système.

Dans ce chapitre, nous allons explorer l'importance des tests unitaires, comment les écrire, ainsi que les outils et frameworks courants utilisés pour automatiser ces tests.

1 Qu'est-ce qu'un Test Unitaire ?

Un **test unitaire** est une méthode qui permet de tester une petite partie de l'application (généralement une fonction ou un module). L'idée est d'**isoler** cette unité de code de l'ensemble du système pour vérifier son comportement indépendamment. Un test unitaire vérifie si l'unité répond comme prévu dans divers scénarios.

Pourquoi écrire des tests unitaires ?

Les tests unitaires permettent de :

- **Vérifier la logique du code** : Assurez-vous que chaque fonction ou méthode renvoie les résultats attendus dans différentes situations.
- **Gérer les régressions** : Lorsqu'un bug est corrigé, les tests permettent de s'assurer que la modification n'a pas introduit de nouveaux problèmes ailleurs.
- **Faciliter la maintenance du code** : Ils permettent de modifier, refactorer ou améliorer le code sans craindre de casser des fonctionnalités existantes.

- **Documenter le comportement attendu** : Les tests servent de documentation vivante pour expliquer comment le code doit fonctionner dans des cas spécifiques.

2 Comment écrire un Test Unitaire ?

Étapes fondamentales d'un test unitaire

La plupart des tests unitaires suivent une structure de base appelée **Arrange, Act, Assert** (AAA) :

1. **Arrange (Préparer)** : Configurer l'environnement et préparer les objets ou les données nécessaires au test.
2. **Act (Agir)** : Exécuter l'unité de code que l'on souhaite tester (ex : appeler une fonction).
3. **Assert (Vérifier)** : Comparer le résultat de l'exécution avec le comportement attendu (valider si le résultat est correct).

Exemple simple de test unitaire :

Prenons une fonction JavaScript simple qui additionne deux nombres :

```
function add(a, b) {
  return a + b;
}
```

Pour tester cette fonction, nous allons créer un test unitaire qui vérifie si la fonction add renvoie correctement la somme de deux nombres.

Test unitaire :

```
// Étape 1 : Arrange (Préparer)
const a = 2;
```

```
const b = 3;

// Étape 2 : Act (Agir)
const result = add(a, b);

// Étape 3 : Assert (Vérifier)
if (result === 5) {
  console.log("Test réussi !");
} else {
  console.log("Test échoué !");
}
```

Dans cet exemple :

- Nous préparons les valeurs a et b.
- Nous exécutons la fonction add.
- Nous vérifions si le résultat est bien 5.

3 Outils et Frameworks pour les Tests Unitaires

Il existe plusieurs outils et frameworks pour effectuer des tests unitaires, facilitant l'automatisation des tests, la gestion des résultats et l'intégration dans des systèmes de développement continu. Voici quelques frameworks populaires pour JavaScript :

◆ Jest

Jest est un framework de test JavaScript très populaire et largement utilisé. Il est simple à configurer et comprend de nombreuses fonctionnalités utiles comme l'assertion, la couverture de code, les tests asynchrones, et la gestion des mocks.

Exemple avec Jest :

```
// La fonction à tester
function add(a, b) {
  return a + b;
}

// Le test
test('addition de deux nombres', () => {
  expect(add(2, 3)).toBe(5);
});
```

Jest fournit la fonction `test()` pour définir les tests et `expect()` pour vérifier les résultats.

- **Mocha**

Mocha est un autre framework de test flexible qui fonctionne bien avec d'autres outils comme Chai (pour les assertions) et Sinon (pour les spies et mocks).

Exemple avec Mocha et Chai :

```
const assert = require('chai').assert;

function add(a, b) {
  return a + b;
}

describe('Tests de la fonction add', function() {
  it('devrait retourner 5 pour 2 et 3', function() {
    assert.equal(add(2, 3), 5);
```

```
  });
});
```

Mocha utilise `describe()` pour regrouper les tests et `it()` pour définir chaque test individuel.

+ **Jasmine**

Jasmine est un autre framework de test unitaire populaire pour JavaScript. Il offre une syntaxe simple et lisible, inspirée des tests comportementaux (BDD).

Exemple avec Jasmine :

```
function add(a, b) {
  return a + b;
}

describe('Fonction add', function() {
   it('devrait additionner deux nombres correctement',
function() {
    expect(add(2, 3)).toBe(5);
  });
});
```

Jasmine utilise `describe()` pour organiser les tests et `it()` pour définir les cas de test.

4 Avantages des Tests Unitaires

◆ Réduction des erreurs et régressions

Les tests unitaires permettent de détecter les erreurs dès qu'elles se produisent. En cas de changement dans le code, les tests vous avertiront immédiatement si un bug est introduit, ce qui réduit le risque de régressions.

◆ Refactoring sécurisé

Lorsque vous modifiez ou refactorez le code, les tests unitaires permettent de vérifier que les modifications n'affectent pas d'autres parties du système. Cela rend le processus de refactoring beaucoup moins risqué.

◆ Meilleure conception du code

Les tests unitaires vous forcent à écrire un code plus modulaire, plus isolé et plus facile à maintenir. En pensant aux tests avant d'écrire le code, vous serez incité à rendre votre code plus propre et plus testable.

5 Tests Unitaires et Développement Agile

Les tests unitaires sont souvent utilisés dans les environnements de développement **agile**. Dans un tel cadre, les tests font partie d'un cycle de développement itératif et incrémental. Chaque itération peut inclure de nouveaux tests qui valident les fonctionnalités ajoutées, et les tests peuvent être exécutés automatiquement à chaque nouveau commit ou déploiement.

💡 Chapitre 10 : Construire un Projet Complet

Création d'une Application Web Moderne

Dans ce chapitre, nous allons aborder l'ensemble du processus de création d'une **application web moderne**. Cela inclut la planification, la configuration de l'environnement de développement, la construction du backend et du frontend, ainsi que l'intégration des fonctionnalités nécessaires pour créer une application fonctionnelle et performante.

Une application web moderne combine plusieurs technologies et outils pour offrir une expérience utilisateur fluide et un code propre et maintenable. Nous explorerons les différentes étapes de la construction d'une application web de A à Z.

1️⃣ Planification et Conception de l'Application

Avant de commencer à écrire du code, la première étape cruciale est de **planifier et concevoir** l'application. Une bonne planification permet d'éviter les erreurs de conception et de garantir que l'application sera structurée efficacement.

◆ Identifier les Objectifs du Projet

Avant de coder, il est important de définir clairement **les objectifs du projet**. Quelles fonctionnalités souhaitez-vous inclure ? Par exemple :

- **Gestion des utilisateurs** : authentification, gestion des comptes.

- **Interface utilisateur** : tableau de bord, pages de profil, interactions dynamiques.
- **Fonctionnalités principales** : affichage des données, recherche, filtres, etc.

◆ Définir l'Architecture de l'Application

Ensuite, il est essentiel de définir l'architecture de l'application :

- **Frontend (client-side)** : Cette partie est responsable de l'interface utilisateur (UI) et de l'interaction avec l'utilisateur.
- **Backend (server-side)** : C'est la partie qui gère la logique métier, les bases de données et les API.
- **Base de données** : Choisir entre une base de données relationnelle (SQL) ou non relationnelle (NoSQL).

◆ Création des Wireframes et du Design UI/UX

Les **wireframes** (maquettes) aident à planifier l'interface utilisateur de manière visuelle. Cela permet de définir la disposition des éléments avant de passer à la phase de développement.

2 Mise en Place de l'Environnement de Développement

Une fois la planification terminée, nous passons à la configuration de l'environnement de développement. Il est important de choisir les bons outils et technologies pour le projet.

◆ Choisir les Outils et Frameworks

- **Frontend** : Nous utiliserons un framework moderne comme **React**, **Vue.js** ou **Angular** pour construire l'interface utilisateur dynamique.

- **Backend** : Pour la partie serveur, vous pouvez choisir des technologies comme **Node.js** avec **Express**, **Django** (Python), ou **Ruby on Rails** (Ruby).
- **Base de données** : Si vous optez pour une base de données SQL, **PostgreSQL** ou **MySQL** sont de bons choix. Pour une base de données NoSQL, **MongoDB** est souvent utilisé.
- **Contrôle de version** : Utiliser **Git** et une plateforme comme **GitHub** ou **GitLab** pour gérer le code source.

◆ Configuration du Projet

Vous devez créer une structure de projet bien définie pour faciliter le travail en équipe et la gestion du code. Voici une structure de base pour une application web moderne :

bash

```
/client            # Frontend (React, Vue, etc.)
    /src
        /components
        /pages
        /assets
        index.js
/server            # Backend (Node.js, Express, etc.)
    /controllers
    /routes
    /models
    server.js
/database          # Base de données (SQL ou NoSQL)
    /models
/config            # Configuration de l'application
    db.js
.gitignore         # Ignorer les fichiers non pertinents
dans le contrôle de version
```

```
package.json     # Dépendances Node.js et scripts
```

◆ Installation des Dépendances

Commencez à installer les dépendances nécessaires pour le frontend et le backend avec npm ou yarn. Par exemple :

- Pour **React** : `npm install react react-dom`
- Pour **Express** : `npm install express`

③ Développement du Frontend

◆ Création des Composants UI

Le **frontend** est la partie visible de votre application, celle que l'utilisateur va interagir avec. Si vous utilisez un framework comme **React**, vous allez construire des **composants réutilisables**.

Exemple de composant en React :

jsx

```jsx
import React, { useState } from 'react';

function App() {
  const [count, setCount] = useState(0);

  return (
    <div>
      <h1>Compteur : {count}</h1>
        <button onClick={() => setCount(count +
1)}>Incrémenter</button>
    </div>
  );
```

```
}

export default App;
```

• Interaction avec le Backend (API)

Votre frontend devra souvent récupérer des données du backend, par exemple en utilisant des **requêtes HTTP** avec **Axios** ou **Fetch**. Cela permet de récupérer des données à partir de votre serveur ou d'une base de données distante.

```
// Exemple avec Fetch pour récupérer des données
fetch('https://monapi.com/data')
  .then(response => response.json())
  .then(data => console.log(data))
  .catch(error => console.error('Erreur :', error));
```

4 Développement du Backend

• Mise en Place du Serveur

Le backend de votre application va s'occuper de la logique métier, de la gestion des utilisateurs, de l'authentification et de la gestion des données.

Exemple avec Express :

```
const express = require('express');
const app = express();
const port = 3000;

// Route pour la racine
```

```
app.get('/', (req, res) => {
  res.send('Bienvenue sur mon API!');
});

// Lancer le serveur
app.listen(port, () => {
  console.log(`Le serveur écoute sur le port ${port}`);
});
```

- **Gestion des Routes et des API**

Les routes du backend vont permettre de définir comment les clients (frontend) peuvent interagir avec le serveur. Par exemple, une route pour récupérer tous les utilisateurs pourrait ressembler à ceci :

```
app.get('/users', (req, res) => {
    // Récupérer les utilisateurs depuis la base de
données
      res.json(users);  // Retourner la liste des
utilisateurs en JSON
});
```

- **Connexion à la Base de Données**

Une fois votre serveur configuré, vous pouvez connecter votre application à une base de données pour stocker et récupérer des informations. Vous pouvez utiliser **Mongoose** pour MongoDB ou **Sequelize** pour une base de données SQL.

5 Tests et Validation

Une fois le développement de l'application terminé, il est crucial de valider son bon fonctionnement à travers des tests. Vous devez effectuer des **tests unitaires**, des **tests d'intégration**, et éventuellement des **tests de performance** pour vous assurer que l'application répond aux exigences fonctionnelles et qu'elle est prête pour la production.

- **Tests unitaires** : Vérifier que chaque composant et fonction fonctionne comme prévu.
- **Tests d'intégration** : Tester comment les différents modules de l'application interagissent entre eux.
- **Tests end-to-end** : Simuler l'utilisation réelle de l'application pour vérifier son comportement dans un environnement complet.

6 Déploiement de l'Application

Une fois votre application prête, vous devez la déployer pour la rendre accessible aux utilisateurs. Cela inclut la mise en ligne de votre **frontend** et de votre **backend** sur des serveurs ou des services cloud.

- **Frontend** : Vous pouvez héberger votre application React sur des plateformes comme **Vercel** ou **Netlify**.
- **Backend** : Le backend peut être déployé sur **Heroku**, **AWS**, ou **DigitalOcean**.
- **Base de données** : Si vous utilisez une base de données cloud, vous pouvez envisager des solutions comme **MongoDB Atlas** ou **AWS RDS**.

Mise en ligne et déploiement

Le **déploiement** et la **mise en ligne** d'une application web sont des étapes cruciales dans le cycle de développement. Une fois l'application développée, testée et prête à être utilisée, il est temps de la rendre accessible à tous. Le déploiement implique de transférer le code et les ressources nécessaires sur un serveur ou une plateforme cloud, de configurer l'infrastructure et de mettre en place des outils de surveillance et de maintenance pour garantir une disponibilité optimale. Dans ce chapitre, nous allons explorer les étapes clés du déploiement d'une application web moderne.

1 Préparer l'Application pour le Déploiement

Avant de déployer une application, il est essentiel de s'assurer que tout est prêt pour la mise en ligne. Cela inclut la préparation des différentes parties de l'application : le **frontend**, le **backend**, la **base de données** et les outils de surveillance.

◆ Optimiser le Code et les Ressources

Avant de déployer, il est important de s'assurer que le code est optimisé pour la production :

- **Minification et compression** des fichiers JavaScript, CSS et HTML pour réduire la taille des fichiers et améliorer la performance.
- **Compilation** : Si vous utilisez un framework JavaScript comme React, Angular ou Vue, vous devrez compiler le code en un fichier optimisé et prêt pour la production (par exemple, via).
- **Optimisation des images et ressources** : Utilisez des formats adaptés (par exemple, WebP) et compressez les images pour améliorer la vitesse de chargement de votre site.

◆ Configuration des Variables d'Environnement

Les variables d'environnement (comme les clés API, les informations de connexion à la base de données, etc.) doivent être configurées différemment pour le développement, les tests et la production. Assurez-vous que ces variables sont définies de manière sécurisée et qu'elles ne sont pas exposées dans le code source.

◆ Gestion des Erreurs et Log des Applications

La mise en production nécessite la gestion des erreurs et la collecte des logs afin de diagnostiquer et résoudre rapidement les problèmes. Utilisez des outils comme **Sentry** ou **LogRocket** pour collecter des logs d'erreurs côté frontend et des outils comme **Winston** ou **Morgan** pour le backend.

2 Choisir une Plateforme de Déploiement

En fonction de l'architecture de votre application, vous pouvez choisir différentes options de déploiement. Les plus courantes sont les plateformes **cloud** ou les **serveurs dédiés**.

◆ Déployer le Frontend

Le **frontend** est souvent déployé sur des **plateformes statiques** qui permettent de servir des fichiers HTML, CSS et JavaScript de manière rapide et sécurisée. Ces plateformes s'occupent de l'hébergement, de la mise en cache, du CDN (Content Delivery Network), etc.

Quelques exemples de plateformes populaires pour déployer des applications frontend :

- **Vercel** : Idéal pour les applications créées avec Next.js, React, Vue ou Angular. Il gère automatiquement les mises à jour et la mise en cache.

- **Netlify** : Simple à utiliser et compatible avec de nombreux frameworks frontend. Il offre une configuration facile pour le déploiement continu.
- **GitHub Pages** : Idéal pour les applications statiques, avec la possibilité de déployer directement depuis un dépôt GitHub.

◆ Déployer le Backend

Le **backend** peut être déployé sur plusieurs types de serveurs ou plateformes cloud. Vous pouvez choisir entre des services d'hébergement gérés, des services d'infrastructure cloud ou des serveurs dédiés.

Quelques options populaires :

- **Heroku** : Une plateforme PaaS (Platform-as-a-Service) qui facilite le déploiement d'applications Node.js, Python, Ruby, etc. Il offre une gestion simplifiée des bases de données et de l'authentification.
- **AWS Elastic Beanstalk** : Une plateforme de déploiement pour les applications web, idéale pour les applications en Node.js, Python, Java, et plus encore.
- **DigitalOcean** : Propose des serveurs VPS (droplets) pour déployer des applications backend avec un contrôle total sur l'environnement.

◆ Déployer la Base de Données

La gestion de la **base de données** est également un aspect important du déploiement. Vous pouvez choisir de déployer votre base de données sur un service cloud ou sur un serveur dédié.

Quelques options populaires pour la gestion des bases de données :

- **MongoDB Atlas** : Plateforme cloud pour MongoDB, gère la réplication, la mise à l'échelle automatique et la sécurité.
- **Amazon RDS** : Service de base de données relationnelle pour des bases de données comme MySQL, PostgreSQL, MariaDB, etc.

- **Firebase** : Offre une base de données NoSQL et un backend en temps réel pour les applications en temps réel.

③ Processus de Déploiement

Une fois que vous avez choisi la plateforme de déploiement, il est temps de passer à l'étape de mise en ligne de votre application. Le processus de déploiement peut varier en fonction de la plateforme, mais voici les étapes générales :

◆ Préparer les Dépendances

Avant de déployer, vous devez vous assurer que toutes les dépendances de votre application sont installées et que la configuration du projet est correcte pour l'environnement de production (par exemple, mise à jour du fichier package.json, installation des dépendances de production avec npm install --production, etc.).

◆ Utiliser un Pipeline de Déploiement Continu

Le déploiement continu (CI/CD) permet de déployer automatiquement les changements dès qu'ils sont validés dans le code source. Utilisez des outils comme **GitHub Actions**, **GitLab CI**, ou **CircleCI** pour automatiser le déploiement. Cela vous permet de tester et de déployer en continu, ce qui facilite les mises à jour rapides et la gestion des versions.

Exemple de pipeline avec GitHub Actions :

```
name: Déploiement Automatique
on:
  push:
    branches:
      - main
jobs:
  deploy:
```

```
runs-on: ubuntu-latest
steps:
    - name: Checkout code
      uses: actions/checkout@v2
    - name: Set up Node.js
      uses: actions/setup-node@v2
      with:
        node-version: '14'
    - name: Install dependencies
      run: npm install
    - name: Build application
      run: npm run build
    - name: Deploy to Vercel
      run: npm run deploy
```

◆ Déployer le Frontend

- **Vercel** : Après avoir relié votre projet à Vercel, un simple sur la branche principale déclenchera automatiquement le déploiement. Vercel s'occupera de la construction et du déploiement de votre application.
- **Netlify** : Vous pouvez déployer via un dépôt Git ou directement via un fichier ZIP contenant votre application construite.

◆ Déployer le Backend

Si vous utilisez **Heroku**, vous pouvez déployer via Git en suivant ces étapes :

1. Initialiser un dépôt Git et committer le code.
2. Connecter le dépôt à Heroku avec

3. Déployer avec

◆ **Configurer la Base de Données**

Une fois la base de données connectée à votre service cloud (par exemple, MongoDB Atlas ou Amazon RDS), vous devrez peut-être migrer les schémas, insérer des données initiales, ou configurer la sécurité de la base de données.

[4] Tests Post-Déploiement

Une fois votre application mise en ligne, il est essentiel de réaliser des tests pour vérifier son bon fonctionnement. Assurez-vous de tester :

- **Les fonctionnalités** : Vérifiez que toutes les fonctionnalités de l'application fonctionnent comme prévu dans l'environnement de production.
- **Les performances** : Vérifiez les temps de réponse et la charge serveur sous des conditions d'utilisation réalistes.
- **La sécurité** : Assurez-vous que les paramètres de sécurité sont correctement configurés, notamment les certificats SSL, les règles de pare-feu et les politiques de confidentialité.

[5] Maintenance et Surveillance

Le déploiement ne marque pas la fin du processus. Une fois votre application en ligne, il est important de la surveiller et de la maintenir.

◆ **Outils de Surveillance**

Utilisez des outils de surveillance comme **New Relic**, **Datadog**, ou **Prometheus** pour surveiller la santé et la performance de votre application. Ces outils vous permettent de détecter rapidement les problèmes de performance ou les pannes.

◆ **Mises à Jour**

Planifiez des mises à jour régulières pour améliorer la sécurité, ajouter de nouvelles fonctionnalités et corriger les bugs. Utilisez les pipelines CI/CD pour automatiser les mises à jour et déployer rapidement les corrections.

Maintenir et Faire Évoluer Son Code

La maintenance et l'évolution du code sont des aspects essentiels du développement logiciel. Une fois qu'une application est mise en ligne, elle doit être constamment mise à jour, corrigée et améliorée pour s'adapter aux nouvelles exigences des utilisateurs, aux changements technologiques et aux nouvelles fonctionnalités. Dans ce chapitre, nous allons explorer les meilleures pratiques pour maintenir un code propre, évolutif et facile à gérer à long terme.

1 Pourquoi la Maintenance du Code Est Cruciale

Une fois qu'une application est déployée, il est nécessaire de lui assurer une maintenance continue. Cela inclut non seulement la correction des bugs, mais aussi l'ajout de nouvelles fonctionnalités, la mise à jour des bibliothèques et des dépendances, ainsi que l'amélioration des performances et de la sécurité. Une bonne maintenance permet de garder l'application stable et performante au fil du temps.

◆ Réduire la dette technique

La **dette technique** fait référence au travail supplémentaire qu'un développeur doit faire plus tard à cause des choix techniques pris dans le passé. Cela peut concerner des parties du code non optimisées, des dépendances obsolètes ou des fonctionnalités qui ne sont pas bien testées. En maintenant votre code régulièrement, vous pouvez éviter d'accumuler trop de dette technique et rendre les futures évolutions plus faciles à gérer.

◆ Assurer la sécurité

Les applications web sont constamment confrontées à de nouvelles menaces de sécurité. En maintenant votre code et vos dépendances à jour, vous réduisez les risques de vulnérabilités exploitées par des attaquants.

2 Meilleures Pratiques pour Maintenir un Code de Qualité

Pour garantir la stabilité et la qualité à long terme de votre code, voici quelques pratiques à suivre :

◆ Écriture de Code Lisible et Documenté

Un code lisible et bien documenté est essentiel pour faciliter sa maintenance à long terme. Les bonnes pratiques incluent :

- **Utilisation de noms de variables et de fonctions explicites** : Les noms doivent décrire clairement ce qu'ils représentent ou ce qu'ils font.
- **Commentaires pertinents** : Commentez les parties complexes ou non triviales du code, mais évitez les commentaires excessifs. L'objectif est que le code soit suffisamment clair pour que les autres développeurs (ou vous-même dans quelques mois) puissent comprendre son fonctionnement sans avoir à lire des commentaires partout.
- **Documentation de l'API** : Si vous développez une API, assurez-vous que la documentation est claire et à jour.

◆ Respect des Conventions de Codage

L'adoption de conventions de codage uniformes est un excellent moyen de garantir la lisibilité et la cohérence du code, surtout lorsqu'une équipe travaille sur un projet. Par exemple :

- **Indentation cohérente** : Utilisez un style d'indentation uniforme (par exemple, 2 espaces ou 4 espaces par niveau).
- **Style des noms** : Utilisez un format cohérent pour les noms de variables, de fonctions, de classes, etc. (camelCase, snake_case, PascalCase, etc.).
- **Structure de fichiers** : Organisez les fichiers et dossiers de manière logique pour faciliter la navigation dans le projet.

◆ Refactoring

Le **refactoring** consiste à modifier le code pour le rendre plus propre, plus performant ou plus lisible, sans changer son comportement. C'est une pratique importante pour améliorer la qualité du code au fil du temps. Il est important de refactorer régulièrement pour :

- Améliorer la lisibilité et la modularité.
- Réduire la duplication de code.
- Améliorer la performance.

◆ Tests Continus et Automatisés

Les tests sont essentiels pour assurer que le code fonctionne correctement après chaque modification. Il est donc crucial de maintenir une couverture de tests suffisante et de les exécuter régulièrement :

- **Tests unitaires** : Assurez-vous que chaque fonction ou module est testé de manière isolée.
- **Tests d'intégration** : Vérifiez que les différentes parties de votre application fonctionnent ensemble correctement.
- **Tests de régression** : Après chaque mise à jour ou modification, testez les anciennes fonctionnalités pour vous assurer qu'elles ne sont pas cassées.

3 Comment Faire Évoluer Son Code au Fil du Temps

Au-delà de la maintenance, faire évoluer le code pour intégrer de nouvelles fonctionnalités ou répondre aux besoins changeants des utilisateurs est une compétence clé pour un développeur. Voici quelques stratégies pour faire évoluer votre code de manière efficace :

◆ Suivi des Nouvelles Technologies et Bibliothèques

Le monde du développement évolue rapidement. De nouvelles bibliothèques, frameworks et outils sont régulièrement publiés, offrant de nouvelles possibilités. Pour garder votre application moderne et performante, il est essentiel de :

- **Mettre à jour régulièrement les dépendances** : Les bibliothèques tierces, comme les frameworks ou les outils de gestion d'état, évoluent. Utilisez des outils comme **npm audit** ou **yarn outdated** pour suivre les mises à jour des dépendances.
- **Adopter de nouveaux outils** : Parfois, une technologie plus récente peut vous offrir des avantages importants (meilleures performances, fonctionnalités supplémentaires, sécurité renforcée, etc.).

✦ Ajouter de Nouvelles Fonctionnalités

Les utilisateurs veulent souvent de nouvelles fonctionnalités, mais ces ajouts doivent être faits avec précaution pour éviter d'introduire des bugs ou de rendre l'application trop complexe. Il est donc important de :

- **Planifier les évolutions** : Avant d'ajouter une nouvelle fonctionnalité, réfléchissez à son impact sur le reste du code. Faites une analyse des besoins, écrivez des spécifications et créez un plan d'implémentation.
- **Utiliser des branches de développement** : Si vous travaillez en équipe, créez des branches pour chaque nouvelle fonctionnalité ou correctif afin de garder le code principal stable.

✦ Prendre en Compte les Retours des Utilisateurs

Les retours des utilisateurs peuvent vous aider à comprendre quelles fonctionnalités doivent être améliorées ou ajoutées. Les retours peuvent venir sous différentes formes : commentaires, tickets de support, analyse des logs, etc. Utilisez des outils comme **Google Analytics**, **Hotjar** ou **Sentry** pour suivre le comportement des utilisateurs et identifier les zones qui nécessitent des améliorations.

✦ Mise à jour des Versions et Gestion des Versions

Maintenir un système de versionnage est important pour suivre les évolutions de votre code et faciliter la collaboration. Utilisez des outils comme **Git** pour gérer les versions du code et suivez une stratégie de gestion de versions, comme **SemVer** (Semantic Versioning). Par exemple :

- **Version majeure (1.x.x)** : Changements incompatibles avec la version précédente.
- **Version mineure (x.1.x)** : Ajout de nouvelles fonctionnalités compatibles avec la version précédente.
- **Patch (x.x.1)** : Corrections de bugs et améliorations sans changement de fonctionnalité.

4 Stratégies de Mise à Jour et Déploiement

Lorsqu'il est nécessaire de mettre à jour le code en production, il est important de procéder de manière ordonnée pour éviter les erreurs et minimiser les interruptions de service. Voici quelques stratégies :

- **Déploiement continu** : Automatiser le déploiement avec un pipeline CI/CD afin que les mises à jour soient livrées de manière fluide et sans risque.
- **Déploiement en canary** : Diffusez la mise à jour à un petit pourcentage d'utilisateurs pour tester l'impact avant de la déployer à l'ensemble de l'audience.
- **Rollback rapide** : Préparez-vous à revenir à une version précédente de l'application si un problème survient pendant ou après le déploiement.

● Conclusion

Où aller après ce livre ?

Félicitations ! En ayant lu ce livre, vous avez déjà fait un grand pas dans le monde du développement JavaScript. Vous avez acquis une solide compréhension des concepts de base ainsi que des techniques avancées pour créer des applications web modernes, performantes et sécurisées. Cependant, le voyage ne s'arrête pas ici. Le développement logiciel est un domaine en constante évolution, et il est essentiel de continuer à apprendre et à s'adapter aux nouvelles technologies, méthodologies et pratiques.

Dans cette section, nous allons vous donner des pistes sur où aller après avoir terminé ce livre pour approfondir vos compétences et rester à la pointe du développement JavaScript.

1 Explorer les Frameworks et Bibliothèques Avancés

Maintenant que vous avez une bonne maîtrise de JavaScript, il est temps d'explorer des **frameworks et des bibliothèques** plus avancés pour structurer vos projets et en accélérer le développement. Voici quelques options à explorer :

- **React.js** : Si vous ne l'avez pas déjà fait, apprendre **React** vous permettra de construire des interfaces utilisateur dynamiques et réactives avec un système basé sur des composants. C'est l'un des frameworks les plus populaires pour les applications modernes.
- **Vue.js** : Un autre excellent framework JavaScript pour créer des interfaces utilisateur interactives. Vue est apprécié pour sa courbe d'apprentissage douce et sa simplicité.
- **Angular** : Bien qu'un peu plus complexe, **Angular** est un framework robuste qui vous permet de développer des applications web à grande échelle avec des fonctionnalités prêtes à l'emploi.

Chacun de ces frameworks propose une approche différente pour le développement d'applications modernes. Choisir celui qui correspond à vos projets ou à vos préférences peut vous permettre de devenir encore plus efficace et productif.

2 Approfondir la Programmation Asynchrone

Si vous avez apprécié travailler avec les **promesses** et **async/await** dans ce livre, vous pouvez maintenant approfondir ces concepts pour maîtriser pleinement la programmation asynchrone.

- **Web Workers** : Pour des applications qui nécessitent de lourdes opérations de calcul en arrière-plan sans bloquer l'interface utilisateur, les **Web Workers** sont une excellente solution.
- **RxJS** : Si vous souhaitez explorer un modèle réactif de gestion des événements et des données asynchrones, **RxJS** est une bibliothèque puissante qui vous permet de travailler avec des flux de données de manière élégante.
- **Service Workers et Progressive Web Apps (PWA)** : Apprenez à utiliser **Service Workers** pour créer des applications web fiables, rapides et hors ligne avec **PWA**.

3 Apprendre le Développement Full-Stack

JavaScript n'est pas seulement utilisé côté client. Grâce à Node.js, vous pouvez utiliser JavaScript pour créer des applications côté serveur également, ce qui vous permet de devenir un développeur **Full-Stack**. Voici quelques ressources pour aller plus loin :

- **Node.js** : Apprenez à utiliser **Node.js** pour construire des applications serveur. Vous pouvez utiliser des frameworks comme **Express.js** pour simplifier la gestion des requêtes HTTP et des routes.
- **Bases de données NoSQL et SQL** : Familiarisez-vous avec les systèmes de gestion de bases de données, comme **MongoDB**

pour les bases de données NoSQL ou **PostgreSQL/MySQL** pour les bases SQL.

- **GraphQL** : Explorez **GraphQL**, une alternative à REST, pour gérer efficacement les requêtes de données entre le client et le serveur avec une approche déclarative.

④ Explorer les Outils et Pratiques DevOps

Pour aller plus loin dans le développement moderne, il est essentiel de comprendre les outils et pratiques liés à l'intégration continue, la livraison continue (CI/CD) et la mise en production de vos applications. Cela vous aidera à automatiser et à optimiser le cycle de vie de vos applications.

- **Docker** : Apprenez à utiliser **Docker** pour créer des environnements de développement et de production reproductibles et portables.
- **Jenkins, GitLab CI, ou CircleCI** : Explorez les outils d'intégration continue pour automatiser les tests, la construction et le déploiement de vos applications.
- **Kubernetes** : Pour les projets plus complexes et les architectures distribuées, apprenez à utiliser **Kubernetes** pour orchestrer des conteneurs à grande échelle.

⑤ Approfondir la Sécurité Web

La sécurité des applications web est une priorité pour tout développeur. Maintenant que vous avez appris les bonnes pratiques de base en matière de sécurité dans ce livre, voici des domaines à approfondir :

- **OAuth et OpenID Connect** : Apprenez à gérer l'authentification et l'autorisation des utilisateurs avec des protocoles sécurisés comme **OAuth**.
- **Cryptographie côté client et côté serveur** : Explorez comment utiliser des techniques de cryptographie pour sécuriser les données sensibles, comme le hachage des mots de passe et la gestion des certificats SSL/TLS.

- **Sécurisation des API** : Apprenez à sécuriser les API RESTful et GraphQL contre les attaques telles que l'injection SQL, les attaques CSRF, et les vulnérabilités XSS.

[6] Participer à des Projets Open Source

Une excellente façon de continuer à progresser et à apprendre est de contribuer à des projets **open source**. Cela vous permet de travailler sur des projets réels, d'interagir avec d'autres développeurs et d'apprendre des meilleures pratiques.

- **GitHub** : Explorez des projets open source sur **GitHub** et contribuez aux projets qui vous intéressent. C'est une excellente manière de travailler avec d'autres développeurs et d'apprendre de nouvelles techniques.
- **Hacktoberfest** : Participez à des événements comme **Hacktoberfest** pour contribuer activement à l'open source et développer vos compétences.

[7] Suivre des Cours et Certifications

Pour renforcer vos connaissances, vous pouvez suivre des cours en ligne ou obtenir des certifications qui prouvent vos compétences en JavaScript et en développement web. Voici quelques plateformes recommandées :

- **freeCodeCamp** : Un site populaire avec des exercices pratiques et des certifications sur JavaScript et le développement web.
- **Udemy** : Udemy propose une multitude de cours spécialisés en JavaScript, Node.js, React, et bien plus encore.
- **Coursera / edX** : Ces plateformes proposent des cours de qualité provenant d'universités prestigieuses, allant de JavaScript de base à des cours avancés de développement Full-Stack.

8 Rester Curieux et Suivre l'Évolution du Web

Le monde du développement web évolue constamment avec de nouvelles technologies, outils et pratiques. Pour rester à la pointe de l'innovation, il est essentiel de suivre les dernières tendances :

- **Blogs et Podcasts** : Suivez des blogs et des podcasts spécialisés en JavaScript et développement web comme **JavaScript Weekly**, **CSS-Tricks**, ou **Syntax.fm**.
- **Conférences et Meetups** : Participez à des conférences et des meetups pour rencontrer des experts du domaine et échanger avec d'autres passionnés.
- **Suivi des Standards Web** : Restez informé des nouveaux standards et des évolutions du langage JavaScript en suivant des organisations comme le **W3C** et le **TC39** (comité qui définit les spécifications de JavaScript).

⚒ Projets pour S'entraîner

L'une des meilleures façons de devenir un expert en JavaScript est de **pratiquer** en construisant des projets réels. Cela vous permet de mettre en œuvre les concepts théoriques que vous avez appris dans des situations concrètes. Plus vous travaillez sur des projets variés, plus vous comprendrez les subtilités du langage et développerez des compétences pratiques que vous pourrez appliquer dans vos futurs projets professionnels.

Dans cette section, nous vous proposons une sélection de projets à réaliser pour **affiner vos compétences JavaScript** et construire un portfolio impressionnant. Ces projets couvrent une gamme de niveaux de difficulté et intègrent divers aspects de JavaScript que vous avez abordés dans ce livre, allant des bases jusqu'aux concepts plus avancés.

1 To-Do List Interactif (Niveau Débutant)

La construction d'une **To-Do List** est un projet classique pour commencer à apprendre JavaScript, et c'est une excellente manière de pratiquer la manipulation du **DOM** et la gestion des événements.

Objectifs du projet :

- Créer une liste de tâches avec des fonctionnalités pour ajouter, marquer comme terminée, et supprimer des tâches.
- Utiliser **LocalStorage** pour persister les tâches entre les différentes sessions de l'utilisateur.
- Apprendre à manipuler les **événements de clic** et les **input** pour rendre l'application interactive.

Compétences abordées :

- Manipulation du DOM.
- Gestion des événements.
- Utilisation de LocalStorage pour stocker les données.

2 Application de Météo (Niveau Intermédiaire)

Une **application météo** simple est un excellent projet pour apprendre à travailler avec des **API REST** et à afficher des données en temps réel. Vous utiliserez des requêtes HTTP avec **Fetch** et traiterez des données au format **JSON**.

Objectifs du projet :

- Intégrer une API de météo (comme OpenWeatherMap ou WeatherAPI) pour récupérer les données météorologiques en temps réel.
- Afficher les informations comme la température, l'humidité et la prévision à 7 jours.
- Utiliser **async/await** pour rendre la récupération des données asynchrone.

Compétences abordées :

- Requêtes HTTP avec **Fetch**.
- Manipulation de **JSON**.
- **Async/await** pour la gestion des promesses.
- Introduction à l'utilisation des **API externes**.

③ Application de Chat en Temps Réel (Niveau Avancé)

Créer une **application de chat en temps réel** vous permettra de plonger dans des concepts plus avancés comme l'utilisation des **WebSockets** et la gestion d'une **interface utilisateur dynamique** avec des messages qui se mettent à jour en temps réel.

Objectifs du projet :

- Utiliser **Socket.io** (ou WebSockets natifs) pour permettre la communication en temps réel entre le client et le serveur.
- Créer une interface de chat avec des champs de texte, des messages envoyés en direct et une gestion des utilisateurs.

- Ajouter des notifications pour alerter l'utilisateur lorsqu'un nouveau message arrive.

Compétences abordées :

- Utilisation des **WebSockets** et **Socket.io**.
- Création d'applications en temps réel.
- Gestion des événements en temps réel dans le DOM.

4 Site de Portfolio Personnel (Niveau Intermédiaire)

Un **site de portfolio personnel** est un excellent moyen de montrer vos compétences en développement web tout en apprenant à utiliser **JavaScript** pour rendre votre site interactif. Ce projet vous permettra de vous concentrer sur le design et l'expérience utilisateur tout en mettant en œuvre des fonctionnalités dynamiques.

Objectifs du projet :

- Créer une page d'accueil avec un design attractif et des animations CSS/JavaScript.
- Ajouter des soctions dynamiques, comme un carrousel d'images, un formulaire de contact et des animations pour afficher du contenu au fur et à mesure du défilement.
- Intégrer un outil comme **LocalStorage** ou **SessionStorage** pour enregistrer les informations des visiteurs (comme des données de formulaire).

Compétences abordées :

- Manipulation du DOM et des événements.
- Animations et effets visuels.
- Optimisation de l'interface utilisateur avec JavaScript.
- Stockage local avec **LocalStorage** et **SessionStorage**.

5 Application de Liste de Films (Niveau Intermédiaire à Avancé)

Construire une **application de films** vous aidera à comprendre l'utilisation des **API RESTful** et à travailler sur des applications plus complexes avec un **backend** (si vous utilisez un serveur) ou une base de données (comme Firebase ou MongoDB).

Objectifs du projet :

- Utiliser l'API **The Movie Database (TMDb)** pour récupérer les informations sur les films, les évaluations, et les détails comme le résumé, les acteurs, etc.
- Implémenter des fonctionnalités de recherche et de filtrage.
- Ajouter une page de détails pour chaque film, avec des animations et une interaction utilisateur fluide.
- Utiliser **LocalStorage** pour garder une trace des films favoris.

Compétences abordées :

- Requêtes HTTP avec **Fetch** et traitement des données JSON.
- Manipulation avancée du DOM.
- Gestion des erreurs et validation des entrées utilisateur.

6 Système de Gestion de Comptes Utilisateurs (Niveau Avancé)

Créer un **système de gestion de comptes utilisateurs** vous permet d'explorer les concepts d'authentification, de gestion des sessions, et de sécurisation des données. Vous allez vous concentrer sur la gestion des **API**, la **sécurisation des informations utilisateur** et l'utilisation des **sessions** pour gérer l'état de l'application.

Objectifs du projet :

- Créer une interface de connexion, d'inscription et de gestion des utilisateurs.
- Implémenter la gestion des sessions avec **JWT (JSON Web Tokens)** ou **cookies**.
- Protéger les routes sensibles avec une authentification.
- Apprendre à sécuriser les informations sensibles côté client et serveur.

Compétences abordées :

- Authentification et **JWT**.
- Gestion des sessions et **cookies**.
- Sécurisation des informations utilisateurs.

7 Application de Gestion de Budget (Niveau Avancé)

Une **application de gestion de budget** permet de combiner plusieurs concepts appris dans ce livre. Vous utiliserez des **formulaires**, du **stockage local**, des **calculs financiers**, et de la **gestion d'état dynamique** dans une application web.

Objectifs du projet :

- Créer des formulaires pour ajouter, modifier, et supprimer des transactions.
- Utiliser des **tableaux** et des **objets** pour organiser les transactions.
- Utiliser **LocalStorage** ou **IndexedDB** pour stocker les informations de manière persistante.
- Ajouter des graphiques pour visualiser les dépenses et les revenus.

Compétences abordées :

- Gestion des formulaires et des événements.

- Calculs et manipulation de données financières.
- Stockage local avec **LocalStorage**.
- Visualisation de données (avec des bibliothèques comme **Chart.js** ou **D3.js**).

8 Application de Shopping en Ligne (Niveau Expert)

Créer une **application de shopping en ligne** vous donnera l'opportunité de travailler sur un projet complexe, avec des fonctionnalités avancées telles que la gestion des paniers d'achats, l'intégration avec une API de paiement, et la gestion des utilisateurs.

Objectifs du projet :

- Créer un **panier d'achats** interactif où les utilisateurs peuvent ajouter et supprimer des articles.
- Intégrer une API de paiement comme **Stripe** ou **PayPal**.
- Ajouter une fonctionnalité de gestion des commandes et de suivi des livraisons.
- Mettre en œuvre des pratiques de **sécurisation des données** (comme le chiffrement des informations de paiement).

Compétences abordées :

- Manipulation avancée des formulaires et des événements.
- Intégration avec des API externes.
- Sécurisation des informations sensibles des utilisateurs.
- Gestion des transactions et des paiements.